AF176316

Lienhard Hinz

Vertrauen in die Wirksamkeit von Sprache

Berichte, Interviews, Rezensionen

Bibliografische Information der Deutschen Nationalbibliothek:
Die Deutsche Nationalbibliothek verzeichnet diese
Publikation in der Deutschen Nationalbibliografie;
detaillierte bibliografische Daten sind im Internet
über http://dnb.dnb.de abrufbar.

4., verbesserte Auflage

© 2018 Lienhard Hinz

Umschlaggrafik: Jörg Liebsch

Foto der Schrifttafel der Trajanssäule:
Dr. Elfriede Wihsgott-Heinze

Herstellung und Verlag: BoD – Books on Demand,
Norderstedt

ISBN: 978-3-7528-3408-6

Inhalt

Vertrauen in die Wirksamkeit von Sprache

Johannes Bobrowski schrieb das Gedicht „Sprache"
am 26. Februar 1963. Es gehört zur Lyriksammlung
„Wetterzeichen", die zuerst im Berliner Union-Verlag
erschien. In einem Brief an seinen Freund Peter Jokostra hatte er schon Jahre vorher bekannt: „Ich habe
ein ungebrochenes Vertrauen in die Wirksamkeit des
Gedichts – vielleicht nicht des Gedichts, sondern des
Verses, der wahrscheinlich wieder mehr Zauber-
spruch, Beschwörungsformel wird werden müssen."

Sprache

Der Baum
größer als die Nacht
mit dem Atem der Talseen
mit dem Geflüster über
der Stille

Die Steine
unter dem Fuß
die leuchtenden Adern
lange im Staub
für ewig

Sprache
abgehetzt
mit dem müden Mund
auf dem endlosen Weg
zum Hause des Nachbarn

„Sprache" als Überschrift und als dritter Strophenan-
fang rahmt die beiden ersten Strophen. Mit einem

Auftakt beginnend und durch aneinandergrenzende Amphibrachen verbunden, weisen diese „inneren" Strophen inhaltlich eine Gemeinsamkeit auf. Es werden Naturbilder beschrieben. „Der Baum" als Sinnbild lebendiger Natur ist erhaben und wirkt durch „Atem" und „Geflüster" menschlich. „Die Steine" symbolisieren erstarrte Natur, die mit den „leuchtenden Adern" auch menschliche Züge erhält. Im Vergleich zur räumlichen Dimension des Baumes („größer als die Nacht") werden die Steine zeitlich dimensioniert („lange"; „ewig"). Die Sprache der lebendigen Natur in der ersten Strophe hat akustische Zeichen („Atem"; „Geflüster") und die der erstarrten Natur in der zweiten Strophe optische („die leuchtenden Adern").

Den ruhigen ursprünglichen Naturbildern in den ersten beiden Strophen folgt in der dritten Strophe eine menschliche Sprache, die wirkungslos ist, weil sie mit „müdem Mund" gesprochen wird und auf einem „endlosen Weg" den Gesprächspartner nie erreichen kann. Ist das vielleicht mündliche Sprache im ruhelosen Medienzeitalter? Oder ist es Bobrowski selbst, der nicht gehört wird? Spät wurde der von Vereinsamung bedrohte Dichter von Lesern und Verlegern wahrgenommen. Eine Vielzahl seiner Gedichte, so auch die Sammlung „Wetterzeichen", erschien erst nach seinem Tod am 2. September 1965.

Von der Einsamkeit des Dichters und seines Gedichts spricht Paul Celan in seiner Büchner-Preis-Rede 1960: „Das Gedicht ist einsam. Es ist einsam und unterwegs. Wer es schreibt, bleibt ihm mitgegeben." Die Unendlichkeit des Weges der Sprache des Dichters zum Leser, Hörer erklärt Celan mit stilistischen Eigenheiten: „Das Gedicht heute zeigt, und das hat ... mittelbar mit den ... Schwierigkeiten der Wortwahl, dem rapiden Gefälle der Syntax oder dem wackeren Sinn für die Ellipse zu tun, das Gedicht zeigt, ..., eine starke Neigung zum Verstummen."

Bobrowskis Verse sind offene elliptische Fügungen, frei nach Taktzahl und Füllung. Sie haben keine Verben und sind damit ohne Tempus. Genau in der Mitte wird der dunkle Grundton des Gedichts aufgehellt. Wie ein Lichtschimmer dringen „die leuchtenden Adern" aus den „Natur-Strophen". Durch die Berührung mit den Zeichen der Natur kann menschliche Sprache Substanz, Gestalt und Wirksamkeit gewinnen.

Literatur:

Bobrowski, Johannes: Wetterzeichen. Gedichte. Berlin 1966, S. 37

Celan, Paul: Der Meridian. Rede anläßlich der Verleihung des Georg-Büchner-Preises, Darmstadt am 22. Oktober 1960. Frankfurt am Main 1961, S. 17

Jokostra, Peter: bobrowski & andere. die chronik des peter jokostra. München-Wien 1967, S. 201

Winter 2009

Deutsch im Grundgesetz eine „Schnapsidee"? Deutsche Welle diskutiert über Sprachpolitik

„Streiten über Deutsch": Das will die Deutsche Welle (DW). Der aus Steuermitteln finanzierte Auslandssender hat den gesetzlichen Auftrag, weltweit die deutsche Sprache zu fördern. Am 24. November veranstaltete die DW in Berlin gemeinsam mit der Frankfurter Allgemeinen Zeitung eine Diskussion über die deutsche Sprache. Zuletzt hatte es heftige Kritik an der Amerikanisierung der Deutschen Welle gegeben, denn sie sendet verstärkt auf Englisch statt auf Deutsch und soll zu Regimewechseln in „autoritären" Staaten beitragen. Die Umstrukturierung des Senders und das Programm der DW spielten allerdings in der Diskussion keine Rolle.

DW-Intendant Erik Bettermann wünschte sich zur Eröffnung des Abends, dass auf dem Podium beherzt und kontrovers über Sprachwandel, Sprachpflege und Sprachverfall diskutiert werden möge. Die Diskussion drehte sich um zwei Themenkreise: den Umgang mit Amerikanismen und die Aufnahme von Deutsch als Verfassungsziel ins Grundgesetz.

Edo Reents von der F.A.Z. kann die „Anglizismenklage" nicht mehr hören. Anglizismen sind für ihn ein Scheinproblem. Die Sprache sei „unkaputtbar". Jedoch seien Nachlässigkeiten im Umgang mit der Sprache auf die Medienexplosion zurückzuführen. Reents beruft sich auf Jutta Limbachs Behauptung, es

14

sei noch nie so gut Deutsch gesprochen worden wie heute.

Für Wolfgang Börnsen von der CDU/CSU-Bundestagsfraktion ist die deutsche Sprache Heimat. Sie werde im Deutschen Bundestag gepflegt. Börnsen bemängelt aber die Unfähigkeit der Abgeordneten in der freien Rede. Im Handel führe der zunehmende Gebrauch des Englischen bei 70 Prozent der älteren Menschen zu Unverständnis und Ausgrenzung. Außerdem würden Amerikanismen von den Medien „brutal übernommen".

Dagegen hält Klaus Reichert, der Präsident der Deutschen Akademie für Sprache und Dichtung: „Anglizismen können helfen, eine Sprache jung zu halten." Die Sprache erneuere sich von allein und brauche keine Pflege. Allerdings hebt er hervor, dass Kinder in der Schule zuerst richtig Deutsch lernen sollten, bevor eine Fremdsprache erworben wird. Die Schriftstellerin Emine Sevgi Özdamar hat dazu keine Meinung, dafür aber eine hohe von der deutschen Sprache, die sie in Deutschland lernte, als in der Türkei die Militärregierung herrschte. Die deutsche Sprache habe sie glücklich gemacht. Sie beklagt jedoch, dass Gastarbeiter und hilfsbereite Deutsche sie deformierten.

Der Einzige auf dem Podium, der für die Verankerung des Deutschen in der Verfassung eintritt, ist Börnsen. Ein Artikel 22a trage dazu bei, die deutsche Sprache zum Diskussionspunkt in der Gesellschaft zu machen. 18 EU-Staaten haben ihre Sprache in der Verfassung. Die schärfste Gegenreaktion kommt von Reents. Deutsch sei bei uns selbstverständlich. Die Verankerung im Grundgesetz sei eine „Schnapsidee". Das Türkisch auf Berliner Pausenhöfen dürfe nicht rechtlich verfolgt werden. Reichert schlägt in dieselbe Kerbe. Sprache dürfe nicht „obrigkeitsseitig regelbar" sein. Bemerkenswert ist jedoch, dass er für Deutsch in der Wissenschaft plädiert, weil Sprache Denkstile ausbildet.

Für Wortmeldungen aus dem Publikum blieb nur wenig Zeit. Kurt Gawlitta vom Verein Deutsche Sprache kritisierte die Taktlosigkeit von Reents und stimmte Börnsen zu. Hermann H. Dieter vom Arbeitskreis Deutsch als Wissenschaftssprache bemängelte englischsprachigen Unterricht in Naturwissenschaften an Gymnasien, der zu begrifflichen Verwirrungen führe. Alles in allem verdeutlichten die Beiträge aus der Zuhörerschaft, dass es für die deutsche Sprache viel zu tun gibt. Ob die Deutsche Welle in der Lage ist, ihren Beitrag dabei zu leisten, steht auf einem anderen Blatt.

Frühling 2010

92000 gesprochene Stichwörter
Digitales Wörterbuch der deutschen Sprache

Das Zentrum Sprache der Berlin-Brandenburgischen Akademie der Wissenschaften hat am 22. Februar 2010 das „Digitale Wörterbuch der deutschen Sprache" (DWDS) der Öffentlichkeit vorgestellt. Der gigantische Schatz von viereinhalb Millionen Wörtern kann, so der Leiter des Kolloquiums Wolfgang Klein, nur noch mit Hilfe des Rechners dargestellt werden. Der Psycholinguist vom Max-Planck-Institut in Nimwegen/Niederlande begründete das mit der langen Bearbeitungszeit des Deutschen Wörterbuches der Brüder Grimm (1852–1960), dem schnellen Veralten gedruckter Wörterbücher und der guten Ergänzbarkeit und Korrigierbarkeit von digitalisierten Stichwörtern. Die Bestandteile des DWDS sind das Wörterbuch der deutschen Gegenwartssprache, das Etymologische Wörterbuch des Deutschen von Wolfgang Pfeifer, das Deutsche Wörterbuch der Brüder Grimm, die Neubearbeitung der Buchstaben A bis F des Grimmschen Wörterbuches und 92000 gesprochene Stichwörter. Sprecherin ist die Sprecherzieherin Maren Böhm. Sogar Aussprachevarianten können per Mausklick gehört werden. Die Netzseite führte Alexander Geyken vor. Fünf Millionen mal im Monat wird www.dwds.de seit 2004 aufgerufen. Es gibt bereits eine Version 2 beta.dwds.de mit der Standardansicht: Wörterbuch, Korpus 20. Jahrhundert, Statistische Informationen und Open-Thesaurus.

Das digitale System als Arbeitsplattform zu verwenden, forderte Hartmut Schmidt, der den „Grimm" nicht als Mumie behandelt sehen will. Als einer der ältesten Mitarbeiter am Deutschen Wörterbuch seit den 1950er Jahren sieht er in der Digitalisierung eine grundsätzlich neue Lösung und Chance der Fortführung des Erbes. Mit leiser Wehmut nahm er Abschied von der Grimmschen Methode des Lexikografierens. Er würdigte historische Daten der Wortforschung: 1852 die Buchstaben A bis F der Brüder Grimm; 1883 das Etymologische Wörterbuch von Friedrich Kluge; 1908 bis 1912: zweite große Sammlung von 1,8 Millionen Belegen; 1929 bis 1950er Jahre: Tätigkeit der Arbeitsstelle; Sammlung der Gegenwart durch die Akademien in Berlin und Göttingen. Abschließend gab Wolfgang Klein einen Ausblick auf die Fertigstellung des Digitalen Wörterbuchs der deutschen Sprache durch die Berlin-Brandenburgische Akademie. Dabei blieb die Zeitplanung offen. Nach der ersten Phase von 2007 bis 2012 mit vier Mitarbeitern folgte die Angabe von zehn Mitarbeitern ab 2013. Eine neue Phase soll 2019 beginnen. Klein nannte die Vorteile der Digitalisierung, die eine Vollendung des Werkes sichern: ständige Erweiterbarkeit, Entwicklungsmöglichkeiten bei der Bedeutungsbeschreibung und Beispielgebung durch Filmsequenzen. Ziel ist alles zu erfassen, was über den deutschen Wortschatz gesagt werden kann ohne die Übersicht zu verlieren. Die Veranstaltung ließ das Bemühen erkennen, die Besorgnisse um das Deutsche Wörterbuch auszuräumen. Die Bereitschaft von Wolfgang Klein zur Zusammenarbeit mit allen Interessierten ist ein Angebot für alle Sprachfreunde.

„Deutsch – Sprache der Ideen"
Westerwelles „Jahr der deutschen Sprache"

Bundesaußenminister Guido Westerwelle eröffnete am 25. Februar 2010 in der Berliner Spielstätte „Radialsystem V" die Kampagne „Deutsch – Sprache der Ideen". Ein „Jahr der deutschen Sprache" soll bewirken, dass im Ausland wieder mehr Deutsch gelernt wird. In seinem Grußwort vor Diplomaten und Journalisten nannte Westerwelle „Abendrot, Morgenstern und Blütenstaub" fantasievolle Wörter. Er hob hervor, dass Deutsch als Fremdsprache nach wie vor gefragt ist, weil sie die Möglichkeit einer wissenschaftlichen Laufbahn und den Weg in die größte Volkswirtschaft Europas eröffnet. 750 Millionen Euro, ein Viertel des Haushalts des Auswärtigen Amtes, sind im vergangenen Jahr für auswärtige Bildung ausgegeben worden. Die meisten Deutschlernenden in Europa hat Polen. In Asien ist besonders in Indien das Interesse an der deutschen Sprache groß.

Auf die Besonderheiten beim Deutschlernen gingen im anschließenden Programm die japanische Schriftstellerin Yoko Tawada und der ungarische Autor Péter Esterházy ein. Die fehlende Logik bei den deutschen Artikeln veranschaulichte Tawada anhand der Wörter „der Rock" und „die Hose". Esterházys Figur Esti löst das Problem, indem sie an Substantive die Nachsilbe „-chen" fügt und dann den Artikel „das" sicher verwenden kann. – Originell waren die Lesungen aus „Sprachpolizei und Spielpolyglotte" und „Kornél Estis Abenteuer mit der deutschen Sprache".

Das Goethe-Institut steht im Mittelpunkt der Kampagne. Präsident Klaus-Dieter Lehmann erinnerte an die Verleihung der Goethe-Medaille zur Förderung der deutschen Sprache im Ausland im Jahr 2005 an Yoko Tawada, auch der 2009 mit der Medaille ausgezeichnete schwedische Schriftsteller Lars Gustafsson sei ein Verehrer Goethes. Die Schönheit der deutschen Sprache brachte der Tenor Christoph Prégardien mit dem von Franz Schubert vertonten „Erlkönig" und den Heine-Liedern von Wilhelm Killmayer zum Klingen. Nach der abstrakten Lautpoesie der Gruppe „Die Maulwerker" glänzte die „Rapperin" Nina „Fiva" Sonnenberg mit einer klaren deutschen Aussprache bei aller Monotonie der Rhythmik.

Die anwesenden Journalisten wurden nicht zufriedengestellt, was den Inhalt der Kampagne „Deutsch – Sprache der Ideen" betrifft. Vertreter des Auswärtigen Amtes verwiesen nach Anfragen nur auf die Netzseite www.diplo.de/Sprache-der-Ideen. Der geringe Informationswert der Veranstaltung wurde während des anschließenden Empfangs an den Ständen der Deutschen Welle, des Goethe-Instituts, des Deutschen Akademischen Austauschdienstes (DAAD) und des Pädagogischen Austauschdienstes der Kultusministerkonferenz (PAD) etwas ausgeglichen.

Sommer 2010

Den schlafenden Riesen wecken
Gespräch mit Winder McConnell
Universität Kalifornien zu Davis

Sie sind ein international ausgewiesener Fachmann für das Nibelungenlied. Auf welchen Gebieten forschen Sie zurzeit?

Winder McConnell: Sie sind viel zu großzügig! Wenn ich zum Beispiel an Kollegen wie Otfrid Ehrismann (Gießen), Joachim Heinzle (Marburg), Werner Hoffmann (Mannheim) oder Jan-Dirk Müller (München) denke, dann denke ich an wahrhaftige international ausgewiesene Experten für das *Nibelungenlied*. Ja, das *Nibelungenlied* begleitet mich seit mehr als vierzig Jahren, besonders seit den nie zu vergessenden Vorlesungen und Seminaren meines ehemaligen Doktorvaters Ernst S. Dick an der Universität Kansas. Aber zurzeit beschäftige ich mich mit zwei anderen Projekten: mit einer englischen, kommentierten Übersetzung des (recht schwierigen) Textes der anonymen *Minneburg* (14. Jahrhundert) und mit einem Buch über die „andere Welt" in der mittelhochdeutschen Literatur, vor allem mit deren Einfluss auf den mittelalterlichen Helden.

Was sagen Sie zu dem Werbespruch des Bundesaußenministers Westerwelle „Deutsch – Sprache der Ideen"?

Winder McConnell: Das Ziel des Bundesaußenministers Westerwelle mit der Eröffnung eines „Jahres der deutschen Sprache", dass nämlich im Ausland wieder mehr Deutsch gelernt wird, begrüße ich als Germanist irischer Herkunft, der seit Jahrzehnten in den Vereinigten Staaten wohnt, von ganzem Herzen. Man hört auch, dass Deutsch durchaus gefragt ist, besonders in den Ländern östlich von Deutschland, vor allem in Polen. Die Worte des Bundesaußenministers werden sich wohl dort in Taten umsetzen lassen können. Leider wird das, wenn überhaupt, in Richtung Westen weniger der Fall sein.

Warum?

Winder McConnell: Es fällt auf, dass in dem von Ihnen verfassten Bericht über die Rede des Bundesaußenministers auf Polen und Asien hingewiesen wird. Großbritannien, die USA und Kanada werden mit keinem Wort erwähnt. Und nicht ohne gute Gründe. Seit Jahrzehnten geht das Erlernen von Deutsch in diesen Ländern (manchmal gewaltig) zurück. Germanistische Institute an britischen und amerikanischen Universitäten werden geschlossen. Emeritierte Professoren der Germanistik werden nicht ersetzt. Die Zahl der freien Stellen für Doktoranden in der Germanistik lässt sich kaum mit der von früheren Zeiten vergleichen. Auch die Schulen haben Verluste an Deutschlernenden zu verzeichnen. Die Zahl der Goethe-Institute im Westen ist kleiner geworden.

Woran liegt das alles?

Winder McConnell: Die miserable wirtschaftliche Lage der letzten paar Jahre wird immer wieder als Hauptgrund angegeben. Ich bin persönlich der Meinung, dass auch andere Faktoren eine große Rolle spielen, vor allem die wachsende Einsprachigkeit hierzulande, eine Einstellung, dass es genügt, Englisch zu können, um überall in der Welt gut anzukommen – so naiv das klingen mag. Man könnte stundenlang reden und zahllose Seiten schreiben über die Gründe, aber die harte Wirklichkeit hinsichtlich der deutschen Sprache und ihres Rückgangs im Abendland ist, dass sie nicht mehr von so vielen geschätzt wird, wie das in früheren Jahrhunderten, sogar Jahrzehnten, der Fall war. Die „Sprache der Dichter und Denker" beeindruckt nicht mehr in einer Gesellschaft, wo der krasse Materialismus und der Drang nach materiellem Erfolg die Oberhand gewonnen haben und Computer-Spiele für viele das Lesen ersetzt haben. Der Trost ist aber dies: Die deutsche Sprache mit ihren unvergänglichen Leistungen eines Wolfram von Eschenbach, der einmaligen Freunde Goethe und Schiller, des tragischen Helden Hölderlin oder Martin Heideggers, des „Denkers in dürftiger Zeit", wird wohl die Stumpfheit und Faulheit dieser Epoche überdauern. Sie ist wie ein schlafender Riese, der nur geweckt werden muss.

Das Goethe-Institut steht im Mittelpunkt der Initiative des Auswärtigen Amtes. Wie haben Sie als Germanist und Mittelalterforscher das Goethe-Institut kennen und schätzen gelernt?

Winder McConnell: Ich hatte das große Glück, als junger Student an der McGill Universität (Montreal) das damalige Goethe-Haus unweit der Uni nicht nur oft besuchen, sondern sogar ein Semester lang darin wohnen zu dürfen. Ich hatte dort die Möglichkeit, eine schöne Bibliothek zu benutzen, Konzerten und Vorträgen beizuwohnen und auch recht interessante Gespräche mit dem damaligen Leiter des Hauses, Fritz Genzel, zu führen. (An den Sprachkursen habe ich nicht teilgenommen, sondern beschränkte mich auf die Vorlesungen auf Deutsch an der Universität.) In den Achtzigern war das Goethe-Institut in San Franzisko eine ausgezeichnete Stütze des Germanistischen Seminars der Universität Kalifornien zu Davis. Das kam durch die gute Zusammenarbeit zwischen meiner damaligen Kollegin, Ingeborg Henderson, und dem Personal im Goethe-Institut zustande. Leider scheinen die Beziehungen zwischen unseren beiden Instituten in den vergangenen Jahren ziemlich locker geworden zu sein.

Wie hat sich denn die Nachfrage nach Deutsch als Studienfach in Ihrem Germanistischen Seminar in den letzten beiden Jahrzehnten entwickelt?

Winder McConnell: Die Nachfrage ist kaum mit der zum Beispiel in den Achtzigern zu vergleichen. Ich kann mich deutlich entsinnen, dass wir einst zwischen 70 und 80 Studenten registrierten, die „German" als Hauptfach gewählt hatten. Es sind heute etwa 25, und wir sind heilfroh, wenn sich diese Zahl stabilisiert. Das sind die jüngeren, die sogenannten „Undergraduate"-Studenten, die auf das Bakkalaureat studieren. Die Zahl der „Graduate"-Studenten (also: Magisterkandidaten und Doktoranden) ist auch zurückgegangen. Vor nunmehr zwanzig oder fünfundzwanzig Jahren waren es fast 20; heute ist es etwa die Hälfte davon. Leider spiegelt unsere Situation an der Universität Kalifornien zu Davis die von vielen anderen Instituten wider.

Was wünschen Sie sich vom deutschen Goethe-Institut heute?

Winder McConnell: Ich werde nicht mehr lange an der Universität tätig sein, aber ich hoffe, dass die Beziehungen zwischen unseren beiden Instituten wieder lebendig werden. Das ist natürlich eine Initiative, die von unserem Institut genau so leicht ergriffen werden könnte wie vom Goethe-Institut. Als die Beziehungen zum Goethe-Institut in San Franzisko vor einigen Jahrzehnten blühten, hatten wir regelmäßig Besuch vom Personal des Instituts oder von deutschen Künstlern, deren Vortragsreisen nach Nord-Amerika vom Goethe-Institut finanziert wurden. Außerdem wurden immer wieder schöne Bücher über Deutschland an uns geschickt, die wir dann als Preise an die besten Studenten weiterreichen durften.

Wie würden Sie für die Aktion „1000 Gründe für die deutsche Sprache" den folgenden Satz vervollständigen: „Ich mag die deutsche Sprache, weil ..."?

Winder McConnell: Das könnte ein langer Satz – oder Absatz werden! Ich mag die deutsche Sprache, weil sie meine treue Begleiterin schon seit nahezu fünf Jahrzehnten ist, die mir in guten und bösen Zeiten immer mit einem treffenden Ausdruck, einer griffigen Wendung zur Seite gestanden hat, und vor allem, weil ich durch Heideggers Beherrschung derselben den Unterschied zwischen kalkulativem und meditativem Denken erkannt habe. Sie hat mein Leben auf eine Art und Weise bereichert, mit der sich die materiellen Güter dieser Welt niemals messen könnten.

Die Früchte des Palmbaums
Wirkung der Sprachgesellschaften der Barockzeit

Dóra Görözdi: Die Wirkung von Sprachgesellschaften. Im Spiegel der Fruchtbringenden Gesellschaft. Saarbrücken: VDM Verlag Dr. Müller 2009, 81 S., 49,00 Euro

Schon mit den heute fotografierten Kokospalmen auf dem Titelbild weist dieses interessante Geschichtsbuch auf die Gegenwart hin. Die vielseitig verwendbare Kokospalme ist mit der Überschrift „Alles zu Nutzen." das Emblem der auch „Palmorden" genannten Fruchtbringenden Gesellschaft. Sie ist mit 890 Mitgliedern die größte und wichtigste Sprachgesellschaft der Barockzeit.

Unter Fürst Ludwig von Anhalt-Köthen erlebt die Fruchtbringende Gesellschaft von 1617 bis 1650 ihre Blütezeit und übersteht den Dreißigjährigen Krieg, der mit der Vormachtstellung Frankreichs endet. Wie sich das auf die deutsche Sprache auswirkt, zeigt die ungarische Sprach- und Kommunikationswissenschaftlerin Dóra Görözdi mit einem Gedicht Sigmund von Birkens. Der Fruchtbringer veranschaulicht mit vielen französischen „Flickwörtern" scherzhaft die Zurückdrängung der deutschen Sprache durch das Französische.

Die Verfasserin belebt ihre Studien mit gut ausgewählten Proben der Barockdichtung. In seinem Sonett in Alexandrinern erläutert Fürst Ludwig von Anhalt-Köthen den Zusammenhang zwischen den Aufgaben der Sprachgesellschaft und der Bedeutung des Palmbaums. Dóra Görözdi arbeitet die Verdienste des Fürsten in der Sprachgesellschaft heraus. Seine Übersetzungen, Gedichte, gereimte Reisebeschreibungen und Briefe sind zum größten Teil noch nicht veröffentlicht. Die Autorin macht daher auf das Forschungs- und Editionsprojekt der Sächsischen Akademie der Wissenschaften zur Fruchtbringenden Gesellschaft aufmerksam, das in Zusammenarbeit mit der Herzog August Bibliothek in Wolfenbüttel verwirklicht wird und unter der wissenschaftlichen Leitung von Klaus Conermann steht.

Warum die Gesellschaft „Fruchtbringende" heißt, zeigt Georg Neumark in seinem Werk „Der Neu-Sprossende Teutsche Palmbaum". Neumark wird von Sigmund von Birken in den Pegnesischen Blumenorden aufgenommen. Dóra Görözdi weist darauf hin, dass in der Barockzeit Mehrfachmitgliedschaften in verschiedenen Sprachgesellschaften durchaus üblich waren. Die Rolle von Martin Opitz erklärt die Verfasserin an seinem „Buch von der Deutschen Poeterey", dem ersten deutschen Poetikregelwerk, das die Dichter lehrt, beim Verseschmieden auf den akzentuierenden Sprechtakt zu achten. Dieses Buch sollte ein Beitrag zur eigenständigen deutschen Nationalliteratur sein.

Für die Autorin sind die Ziele der Sprachgesellschaften der Barockzeit zur Förderung der deutschen Sprache in Wissenschaft und Kultur „von bestechender Aktualität. Die vielen Anglizismen heutzutage zeigen dies". Dass man sich im Deutschen ebenso kräftig und gefällig ausdrücken kann wie in den Sprachen der benachbarten Nationen, ist auch Ansicht der Neuen Fruchtbringenden Gesellschaft zu Köthen/Anhalt, die für den Erhalt der deutschen Sprache als Amts-, Kultur-, Landes- und Wissenschaftssprache eintritt. Das Gründungsdokument und die Berichterstattung der Mitteldeutschen Zeitung vom 11. Januar 2007 sind in der Anlage des Buches beigefügt.

Diese lesenswerte wissenschaftliche Arbeit verdient eine bessere Drucklegung. Der Preis des Buches verlangt mehr Qualität der verlegerischen Arbeit. Vermeintliche Sperrungen irritieren den Leser und könnten durch eine richtige Formatierung entfernt werden. Zu viele Druckfehler stehen im Kontrast zum anspruchsvollen Inhalt.

Streit über die deutsche Gegenwartssprache
Sprachkritik in der Deutschen Welle

Unter dem Titel „Sprache von Welt? Streiten über Deutsch" hat die Deutsche Welle Beiträge aus dem In- und Ausland über die deutsche Gegenwartssprache herausgegeben. In seinem Vorwort lobt Intendant Erik Bettermann die Publikation als anregendes „Spektrum unterschiedlicher Beobachtungen, Einschätzungen und Forderungen von Persönlichkeiten aus Kultur, Wissenschaft und Medien".

Eine „Persönlichkeit" haben mehrdeutige deutsche Wörter für die Schriftstellerin Maria Cecilia Barbetta. „Sie sind Schriftbilder und lebendige Gebilde zugleich, sie haben einen Körper und eine Seele, vor allem haben sie einen eigenen Kopf, den sie meistens durchsetzen." Humorvoll und poetisch lädt die in Berlin lebende argentinische Autorin alle Muttersprachler dazu ein, die deutsche Sprache als ein „Fest der Sinne" zu erleben.

Die Sprache radebrechender Berliner Einwandererkinder verteidigt die Sprachwissenschaftlerin Heike Wiese. Sie vergleicht den Ausspruch „Lassma Viktoriapark gehen!" mit Vereinfachungen in der Umgangssprache. „Lassma" sei ein neues deutsches Aufforderungswort. Es habe sich aus der Wendung „lass uns mal" in ähnlicher Weise entwickelt wie das Wort „bitte" aus der Wendung „ich bitte dich". Ortsangaben ohne Präposition gäbe es auch in Wegbeschreibungen wie „Sie müssen Alexanderplatz umsteigen". Doch schließlich kommt sie nicht umhin, dass von ihr stilisierte „Kiezdeutsch" auf ein Versäumnis zurückzuführen, Kindern „nichtdeutscher Herkunftssprache die Chance zu geben, das Standarddeutsche" zu erlernen.

Eine „moderne deutsche Sprache" fordert der Direktor der Frankfurter Buchmesse Juergen Boos im Zeitalter der Globalisierung. Einen Widerspruch sieht er im international starken Interesse an deutscher Sprache und Literatur auf der Frankfurter Buchmesse, deren Arbeitssprache jedoch Englisch ist. Wolfgang Börnsen von der CDU/CSU-Bundestagsfraktion ärgert sich, dass die Europäische Union Deutsch „stiefmütterlich behandelt und viele Dokumente zwar ins Englische und Französische, nicht aber ins Deutsche übersetzt".

Fehlende Sprachpflege in Deutschland kritisiert der irakische Germanist Muthanna Al-Bazzaz. Als er nach dreißig Jahren Deutschland besucht, bemerkt er eine Zunahme von Anglizismen und „Denglisch": „wer sich selbst für intelligent hält, spuckt ein paar Brocken Englisch aus. Nichts ‚hat mehr Sinn‘, stattdessen ‚macht‘ jetzt alles Sinn". Die Angst vor einer Überfremdung des Deutschen durch das Englische ist für den Präsidenten des Goethe-Instituts, Klaus-Dieter Lehmann, linguistisch und sprachgeschichtlich unbegründet. Der Wortschatz erweitere sich. Nachdenklich stimmt ihn jedoch die Zahl der Analphabeten, die in Deutschland auf vier Millionen geschätzt werde.

Kammersängerin Edda Moser stimmt dem Vorschlag zu, Deutsch als Nationalsprache im Grundgesetz zu verankern. Nach ihrer Erfahrung führen die vielen englischen Redewendungen zu einer Verarmung des Wortschatzes in der Umgangssprache, wenn „immer die gleichen 20 Wörter hin und her geworfen" werden. Willi Fuchs vom Verband Deutscher Ingenieure meint hingegen, dass sich beispielsweise das Wort „Computer" gegenüber „Rechner" durchgesetzt habe. Die Mehrheit der Bevölkerung bestimme den Sprachwandel, der nicht zum Untergang der deutschen Sprache führe. Eine „sehr gute Zukunft" hat die deutsche Sprache in Pakistan. Die Deutschlehrerin Saira Niazi berichtet, dass viele Eltern stolz darauf seien, dass ihre Kinder Deutsch lernen. „Deutsche Werte wie Fleiß, Pünktlichkeit und Qualitätsbewusstsein sind bekannt und werden geschätzt."

Gegensätzlich über Deutsch als Wissenschaftssprache äußern sich die Archäologen Alexandra W. Busch, Philipp von Rummel, Arnulf Hausleiter und Burkhard Vogt. Busch und von Rummel kritisieren den Rückgang in deutscher Sprache verfasster Publikationen, weil „bestimmte Denkweisen, Problemstellungen und Forschungstraditionen kaum übersetzbar sind und verlorengingen, wenn nur noch auf Englisch gedacht und geforscht würde". Hausleiter hingegen lobt das Englische als „international verständliche Wissenschaftssprache für vernetzte Forschungen". Vogt ergänzt, dass die deutsche Sprache „im Bereich archäologischer Forschung keine oder eine sehr untergeordnete Rolle" spielt.

Für den chinesischen Germanistikstudenten Xi Lu ist Deutsch schwieriger als Englisch. „Für uns Chinesen ist es nicht leicht, das „R" richtig auszusprechen. Außerdem muss man für jede Vokabel den dazugehörigen Artikel auswendig lernen." Trotzdem sei Deutsch als zweite Fremdsprache beliebt.

Deutschsprachige Musik werde in der internationalen Szene immer wichtiger, bemerken der deutsche Rockmusiker Stefan Stoppok und die amerikanische Unterhaltungskünstlerin Gayle Tufts. Stoppok selbst könne mit der deutschen Sprache einem einfachen Blues „ganz neues Leben einhauchen". Außerdem hat er das Gefühl, dass „es bei Jugendlichen heute mehr deutsche Wortschöpfungen gibt als noch in den Siebzigern". Tufts hat ein Auftritt der Musikgruppe Tokio Hotel in den USA beeindruckt, wo die deutschen Sänger vom Publikum aufgefordert wurden, in ihrer Muttersprache zu singen.

Holger Klatte vom Verein Deutsche Sprache bemängelt das Eindringen der englischen Sprache in Kindergärten, Schulen, Presse und Rundfunk. Der deutsche Wortschatz verkümmere in Kindergärten und Schulen, die Englisch vor die Muttersprache setzen. Die Medien entwerfen nach seiner Ansicht sogar unverständliche neue Sprechweisen. Außerdem gibt er zu bedenken, dass Deutschland Einkünfte aus Lehrmaterialien, Sprachkursen und -reisen verloren gingen, wenn es sich um die Verbreitung seiner Sprache nicht schert. In der Unternehmenskommunikation von Firmen fühlten sich Mitarbeiter ausgegrenzt, wenn Vorgesetzte eine andere Sprache sprechen. Der Leiter der Unternehmenskommunikation des Softwareherstellers SAP, Herbert Heitmann, unterscheidet zwischen einer präzise einsetzbaren deutschen Sprache im Unternehmen und Englisch als internationaler Verständigungssprache. Beides habe zum Erfolg seiner Firma beigetragen.

Der Germanist David Simo aus Kamerun verzeichnet einen Rückzug der deutschen Sprache im Süden und einen Zuwachs an Deutsch-Lernern im Norden Afrikas. Er fordert, dass hochwertige geistige, künstlerische und wissenschaftliche Produkte in deutscher Sprache angeboten werden. „Wenn die Deutschen aber meinen, dass sie diese Angebote ebenso gut in englischer Sprache machen können, dann wird es immer weniger Gründe geben, Deutsch zu lernen."

Der indische Deutsche-Welle-Redakteur Sanjiv Burman weist darauf hin, dass der Einfluss der deutschen Sprache weltweit „eher bescheiden" sei. Die allgemeine Einstellung der deutschen Nachkriegsgeneration zu ihrer Muttersprache schätzt er als „nicht gerade leidenschaftlich" ein. Drastisch formuliert er das demografische Problem: „Die Deutschen sterben aus. Und damit sinkt die Zahl der Menschen, die Deutsch sprechen. Die Zukunft des deutschen Volkes ist ein besorgniserregendes Thema." Dennoch entfaltet sich die deutsche Sprache im Netz. „2008 haben deutschsprachige Internetangebote laut Statistik sogar die sechste Stelle beansprucht."

Auch der russische Übersetzer Boris Chlebnikow sieht eine „Expansion des Deutschen" im „multimedialen Universum". Die deutsche Version von Wikipedia sei nach der englischen „mit Abstand die größte Sprachversion der freien Enzyklopädie". Chlebnikow widerspricht dem deutschen Romanisten Jürgen Trabant, der eine Verdrängung des Hochdeutschen beobachtet. Er sieht vielmehr eine „wachsende Konkurrenz zwischen dem globalen Englisch, den Nationalsprachen und den Dia- und Soziolekten". Der armenisch-griechische Schriftsteller Petros Markaris gewinnt aus der jüngsten Vergangenheit den Eindruck, dass sich die Deutschen aus Liebe zum Amerikanischen und aus Bewunderung der USA als „Weltmacht und Beschützer des Westens" keinen Weltrang für ihre Sprache wünschten. Abschließend kommt der Präsident der Deutschen Akademie für Sprache und Dichtung in Darmstadt, Klaus Reichert, zu Wort. Er fordert die Verantwortlichen in den Medien zur Einsicht in die „unverwechselbaren Möglichkeiten und die Vielfalt der deutschen Sprache" auf und erinnert an das Odo-Marquard-Wort „Zukunft braucht Herkunft".

Der Wortlaut der Beiträge kann im Netz unter www.dw-world.de nachgelesen werden. Die Publikation ist mit der ISBN 9-783000-295386 erschienen und kann bei der Deutschen Welle, 53110 Bonn, angefordert werden.

Herbst 2010

Bericht aus Berlin
„Solang noch Untern Linden …“

Solang noch Untern Linden
die alten Bäume blühn
kann nichts uns überwinden.
Berlin bleibt doch Berlin.
Wenn keiner treu dir bliebe,
ich bleib dir ewig grün.
Du meine alte Liebe!
Berlin bleibt doch Berlin.

Getreu der Berlin-Hymne gibt es seit nunmehr einem
Jahr eine Berlin-Werbung in deutscher Sprache, die
auf die Unverwechselbarkeit der Hauptstadt hinweist.
Deutschlandweit sind Ansichten von Berlin unter dem
Titel „Von Berlin hat man mehr“ zu sehen. „Die einzige Weltstadt, die nicht die Welt kostet“, will sagen,
dass die Lebenshaltungskosten im Vergleich zu anderen Hauptstädten günstig sind. „Die freundlichsten
Preise hat Berlin schon. Am Rest arbeiten wir noch.“
Zu diesem Rest zählen die barschen Taxifahrer. „So
günstige Hotelzimmer und trotzdem geht keiner schla-
fen.“ Das spielt auf das Berliner Nachtleben an. Ebenso: „Berlin hat viel durchgemacht. Jedes Wochenen-
de.“ Und: „Woanders explodieren die Preise. In Berlin
explodiert die Stimmung.“ Nicht nur auf Feste und
Feiern wird aufmerksam gemacht, sondern auch auf
das kulturelle Angebot: „Berlin ist die reichste Stadt
der Welt. Zumindest an Opern.“ Mit dem Gepäckband
eines Flughafens wirbt die Berlin Tourismus Marke-
ting GmbH für Flugreisen in die Hauptstadt: „Wer

noch keinen Koffer in Berlin hat, kann jetzt günstig einen hinbringen."

Ich hab noch einen Koffer in Berlin.
Deswegen muss ich nächstens wieder hin.

Allen Fluggästen des künftigen Hauptstadtflughafens teilte der Senat von Berlin unlängst mit: „Das Wegeleitsystem im Außenbereich und im Fluggastterminal des Flughafens Berlin-Brandenburg International wird zweisprachig realisiert. Es wird in Deutsch und in Englisch verfasst sowie um Piktogramme der Inhalte der Hinweise ergänzt. Dabei wird generell in der 1. Zeile die deutsche und in der 2. Zeile die englische Bezeichnung mit schmalerer Schriftgestaltung abgebildet. Damit ist ein schnelles Erfassen möglich." Drüber steht die deutsche Bezeichnung und drunter mit kleineren Buchstaben die englische. So kann ein Drunter und Drüber vermieden werden. Aus der Revue der 20er Jahre „Drunter und Drüber" stammt das flotte, eingangs angestimmte und zur Hymne gewordene Berliner Lied „Solang noch Untern Linden".

Die Muttersprache legt den Grundstein
Köthener Sprachtag über zweisprachige Erziehung

Voraussetzungen und Möglichkeiten zweisprachiger Erziehung erörterte der 4. Köthener Sprachtag. Am 21. August 2010 gelang der Neuen Fruchtbringenden Gesellschaft (NFG) im voll besetzten Anna-Magdalena-Bach-Saal des Schlosses Köthen ein fruchtbringender Streit um das bewusste zweisprachige Aufwachsen von Kindern. Schirmherr war der Präsident des sachsen-anhaltischen Landtags, Dieter Steinecke.

Im Halbstundentakt folgten Vorträge und Diskussionen über bilinguale Erziehung durch die Eltern und im Kindergarten sowie den sogenannten Immersionsunterricht in der Grundschule. Darunter versteht man das Eintauchenlassen von Kindern in eine für sie neue Sprachumgebung. Die Vorsitzende des Sorbischen Schulvereins, Ludmila Budar, legte mit Bild und Ton eindrucksvolle und international beachtete Untersuchungsergebnisse zur Zweisprachigkeit in den Kindergärten der sorbischen Lausitz vor. Den erstaunten Zuhörern begründete sie die zweisprachigen Fortschritte mit der engen Zusammenarbeit von Kindergärten und Eltern. Jurij Brankačk von der Universität Heidelberg stellte Erkenntnisse aus der Hirnforschung vor. Eltern und Erzieher erhielten hier für den praktischen Umgang mit Kleinkindern wertvolle Anregungen. So nimmt das Kind schon drei Monate vor der Geburt Sprache wahr.

Vor allen Dingen auf die Eltern kommt es bei der zweisprachigen Erziehung an, erklärte Hermann H. Dieter vom Vorstand des Arbeitskreises Deutsch als Wissenschaftssprache. In seinem persönlichen Erfahrungsbericht schilderte er, wie das Französisch der Mutter und das Deutsch des Vaters bei den Kindern bewusst und selbstverständlich von Geburt an entwickelt wurden. Er unterstrich die Notwendigkeit der Gleichwertigkeit beider Sprachen für eine erfolgreiche zweisprachige Erziehung. Dieter regte an, eine Handreichung für zweisprachig erziehende Eltern auszuarbeiten.

Die Englischlehrerin Birgit Richter von der privaten Bilingualen Grundschule „Altmark" in Stendal warb mit Eifer und ihren langjährigen Erfahrungen in Michigan/USA für den Immersionsunterricht. Vom ersten Schultag an wird Englisch gelernt. Das Sprechen steht im Vordergrund. Da schwebte die Sorge um das Fundament – die Muttersprache Deutsch – im Raum. Doch wenn bilingualer Unterricht ernst genommen wird und Sachfächer sowohl in der Muttersprache der Kinder als auch in der Fremdsprache erteilt werden, können nach Richters Darstellung Muttersprache und Fremdsprache gleichermaßen gefördert werden. In der Diskussion wurden allerdings zahlreiche bilinguale Angebote als „Mogelpackung" identifiziert. Denn wenn Sachfachangebote ausschließlich in der Fremdsprache unterrichtet werden, erlernen Kinder für diese Gebiete die Fachbegriffe in ihrer Muttersprache nicht.

Die Sprachheilpädagogin und Autorin Margund Hinz verwies in ihrem Vortrag „Die preußischen Kleinkinderschulen" auf die frühkindliche Sprachförderung vor 200 Jahren. Sie bezog Bilder von Kleinkinderschulen des Berliner Malers Max Liebermann ein und stellte die Anfänge der öffentlichen Kleinkinderziehung am Beispiel der nach dem Königsberger Schulrat Friedrich Gustav Dinter benannten Schulen dar. Detailliert gab sie Auskunft über Lehrkräfte, Unterrichtsmethoden, Lehrpläne, Ferienordnungen und Trägervereine. In diesen Einrichtungen wurde auch nach der Fröbelschen Methode unterrichtet. Ein Zuhörer erinnerte an Angelika Hartmann, die in ihrer Heimatstadt Köthen im Jahr 1864 den ersten Kindergarten nach Fröbel gründete.

Die Vorträge und Diskussionen an diesem Sprachtag sind nach Ansicht der Vorsitzenden der Neuen Fruchtbringenden Gesellschaft, Uta Seewald-Heeg, ein Signal, die Sprachförderung in Kindertagesstätten durchzusetzen. Dabei muss der Förderung der deutschen Sprache ein besonderer Platz eingeräumt werden, um einen Grundstein für das spätere Erlernen von Fremdsprachen zu legen. Der bilinguale Unterricht fördere die Sprachkompetenz von Kindern in der Erst- oder Muttersprache und in der Fremdsprache nur dann, wenn Bildungsträger im Unterricht jeweils zwei Pädagogen einsetzen, die sich den Unterricht inhaltlich teilen und sowohl in der Muttersprache, als auch in der Fremdsprache unterrichten.

Nedderdüütsch un de Tüdelband
Kongress zu Regional- und Minderheitensprachen

Niederdeutsch als Regionalsprache steht neben den Minderheitensprachen Dänisch, Friesisch, Romanes und Sorbisch seit 1999 unter dem Schutz der Europäischen Sprachencharta. Wie die darin verankerten staatlichen Verpflichtungen umgesetzt werden, erörterte am 10. November 2010 der Bundesraat för Nedderdüütsch in der Landesvertretung Schleswig-Holsteins in Berlin. In schonungsloser Offenheit wurden auch nicht erfreuliche Ergebnisse benannt. Zuversicht strahlten aber die Beiträge der Forscher, Lehrer, Journalisten und Künstler zur Sprachpflege aus. Die jungen Musiker der Tüdelband aus Hamburg gaben Kostproben plattdeutscher Rockmusik und berichteten vom großen Altersquerschnitt ihrer Anhänger.

Stefan Oeter, Vorsitzender der Expertenkommission des Europarats zur Sprachencharta, sieht für Deutschland keinen Grund, „sich sprachpolitisch zurückzulehnen". Es gibt noch immer kein Minderheitssprachengesetz. Neben der schwierigen Lage der Sorben in der Niederlausitz und der dramatischen Situation der Saterfriesen könne das historisch gewachsene Dänisch in Südschleswig nicht als Luxusmodell angesehen werden. „Das Beispielmodell wird ins Trudeln gebracht, weil dem Dänischen Schulverein die deutschen Fördermittel gekürzt werden." Unter dem Sparzwang leide auch das Sorbisch, indem beispielsweise die Lehrerausbildung in Brandenburg weggefallen ist. Mangel an Lehrern gebe es auch in Nordfriesland. In Hamburg dagegen sei die niederdeutsche Spracherhaltung modellhaft. Die Hansestadt ist nach Einschätzung Stefan Oeters Vorreiter im regionalsprachlichen Unterricht und in der Lehrerausbildung.

Die wissenschaftlichen Grundlagen erläuterte Ingrid Schröder von der Universität Hamburg. Sie verwies auf drei Jahrzehnte Forschung an der niederdeutschen Sprache von Flensburg bis Göttingen und Münster bis Greifswald. In diesem Sprachgebiet hat sich die Zahl der Platt-Sprecher innerhalb einer Generation nahezu halbiert. Fast die Hälfte der Norddeutschen gab in einer Umfrage an, Niederdeutsch in Radio und Fernsehen zu hören. Deshalb entwickelt die Hörfunkjournalistin Christianne Nölting in Zusammenarbeit mit Professorin Schröder Sprachlernmaterialien, die sie in Buchform und mit dem Netzportal plattolio.de vorstellte.

Über Plautdietsch als Form des Ostniederdeutschen sprach der Germanist Heinrich Siemens. Die Erhaltung dieser Sprache erfordert einen gesteuerten Spracherwerb. Eine Unterrichtstradition gibt es noch nicht. Die mennonitischen Plautdietschen stammen aus Westpreußen und bilden heute eine globale Streuminderheit wie Sinti und Roma. Anita Awosusi vom Dokumentations- und Kulturzentrum Deutscher Sinti und Roma hofft, dass das deutsche Romanes bald eine multidialektale Verschriftlichung erfährt. Den Wohlklang ihrer Sprache brachte ihre Tochter, die Sängerin Tayo, zu Gehör.

Koloman Brenner aus Budapest sprach über Deutsch als Minderheitensprache in Ungarn. Seit dem Minderheitengesetz von 1993 gibt es in Ungarn für die deutsche Sprache Schulzentren in eigener Trägerschaft, wie zum Beispiel in Fünfkirchen. Heinz Grasmück von der Hamburger Schulbehörde stellte den Niederdeutschunterricht entsprechend der Sprachencharta mit dem auf der Netzseite hamburg.de veröffentlichten Rahmenplan vor. Der Erwerb der Regionalsprache Niederdeutsch sei, so Grasmück, für die Kinder eine Brücke zu den Fremdsprachen Niederländisch und Englisch. Eine Bereicherung für den Unterricht seien die Schulpaten: Großeltern, die Niederdeutschstunden in der Schule mitgestalten.

Das ist eine Antwort auf die Frage des Bundesraatssprechers Reinhard Goltz: „Was tun?" Andere wirkungsvolle Antworten gaben die praktischen Programmbeiträge: der virtuelle Stadtrundgang auf Platt von Thorsten Börnsen, die Aufführung sorbischer Trachten und Tänze mit multimedialen Effekten und die szenische Lesung von Theodor Storms Novelle „De Schimmelrieder". „De Tüdelband" begleitete das abendliche Buffet der gastfreundlichen Schleswig-Holsteiner in ihrer Landesvertretung in Berlin.

Winter 2010

Bericht aus Berlin
„Ick sitze hier und esse Klops …"

Ick sitze hier und esse Klops.
Uff eenmal kloppt´s.
Ick staune, kieke, wundre mir,
uff eenmal jeht se uff, die Tür!
Nanu, denk´ ick, ick denk´: Nanu,
jetzt jeht se uff, erst war se zu!
Und ick jeh´ raus und kieke,
und wer steht draußen? … Icke!

Das berühmte Icke-Gedicht unbekannter Herkunft
verdeutlicht den unterschiedlichen Gebrauch des persönlichen Fürwortes „ich" im Berlinischen. Bei „icke"
muss man wissen, wie es richtig eingesetzt wird, um
sich unbeschadet in der alten Hauptstadt zu bewegen.
Alleinstehend und als Antwort auf eine Frage folgt
das unbescheidene „Icke" wie ein „Ich" mit Ausrufe-
zeichen.

Den Schaden hatte unlängst Renate Künast, die Regierende Bürgermeisterin von Berlin werden will. Den
zur Redewendung gewordenen Ausspruch „Ich bin ein
Berliner." berlinisch zu bekräftigen, ist der von Rhein
und Ruhr Stammenden durch das „Icke" an der fal-
schen Stelle gründlich misslungen. Die Schlagfertig-
keit durch die Mundart – scherzhaft „Berliner
Schnauze" – blieb aus. An der Spree mag man „keen
Jetue nich".

Dabei gab der Dudenverlag vor fünf Jahren allen Bundestagsabgeordneten im Berliner Reichstag extra eine „Sonderausgabe Berlin" in die Hand. Rund 2000 Berliner Wörter und Wendungen, ihre Geschichte und Verwendung werden erklärt. Eine neue Auflage für Politiker, Berlinbesucher und andere Freunde der Hauptstadt ist wünschenswert.

Seit einem halben Jahrhundert kommen Freunde der deutschen Hauptstadt aus aller Welt in das Goethe-Institut Berlin, um Deutsch zu lernen. Aus dem kleinen Sprachinstitut in Grunewald hat sich eine internationale Lehr- und Begegnungsstätte in Mitte entwickelt, in der jährlich 10000 Gäste weilen. Sie ist in der Nähe der Hackeschen Höfe in der Neuen Schönhauser Straße 20. Während des 50. Geburtstages im September wurden die 200000 Menschen, die dort Deutsch lernten, gefeiert.

Eine französische Sprachkursteilnehmerin sagte mir, Berlin sei schöner als Paris. Auf meine überraschte Frage „Warum?" antwortete sie, Berlin habe im wahrsten Sinne des Wortes dicht am Wasser gebaut. „Wohin das Auge blickt, tut sich ein See auf. Und wo kein See ist, gibt es jede Menge Bäume." Am Köllnischen Park zeigt die Senatsverwaltung für Stadtentwicklung eine Ausstellung über unbeachtete Schönheiten, wie das Havelufer, und Geheimnisse der Stadtnatur, wie die Fledermäuse in der Spandauer Zitadelle. Der Titel der Schau und des gleichnamigen Begleitbuches ist „natürlich Berlin!".

Und natürlich ist auch die Sprache des Berliners, der für das persönliche Fürwort „ich" etwas Eigenes braucht: ick!

Sprache als Qualitätsmerkmal
Gespräch mit Werner Kieser

Als langjährigem Kunden der Kieser-Training AG ist mir in Ihren Filialen aufgefallen, dass Ihre Mitarbeiter nur noch deutsche Fachbezeichnungen verwenden. Beispielsweise ist nicht mehr von „Range of Motion" die Rede, sondern vom Bewegungsumfang Ihrer Kraftmaschinen. Was hat Sie dazu bewogen?

Werner Kieser: Die Mitarbeiter sollen die Sprache des Landes sprechen und schreiben. Es freut mich, dass diese Weisung auch in Berlin befolgt wird. Viele unserer Ausbildungsmaterialien stammen aus dem englischen Sprachraum. Das hat mich weiter nicht gestört. Erst als ich feststellte, dass die englischen Termini auch in Kundengesprächen und bei der Instruktion verwendet wurden, fand ich es an der Zeit, einzugreifen. Unsere Handbücher zur Ausbildung der Mitarbeiter befassen sich ausgiebig mit dem Gebrauch der Sprache. Diese ist schließlich das entscheidende „Werkzeug" in einem Dienstleistungsunternehmen. Überdies verzichtet die Kommunikation von Kieser-Training auf Anglizismen.

Wie tritt Ihr Unternehmen in der dreisprachigen Schweiz auf?

Werner Kieser: Kieser-Training kommuniziert in deutscher Sprache in der Deutschschweiz, in französischer Sprache in der französischen Schweiz. In der italienischen Schweiz haben wir noch keine Niederlassung, würden aber dort selbstverständlich in italienischer Sprache kommunizieren.

Was sagen Sie zum Werbespruch des deutschen Außenministers Westerwelle: „Deutsch – Sprache der Ideen"?

Werner Kieser: „Deutsch – die Sprache der Ideen" hört sich – von einem Außenminister gesagt – etwas unpassend an. Auch das Englische und das Französische sind „Sprachen der Ideen". Passender wäre zum Beispiel: „Die Sprache ist das Haus des Seins", wie Peter von Matt im Oktober 2010 im „Tagesanzeiger" Heidegger zitierte.

Sie schreiben Ihre Bücher in gut verständlichem Deutsch. Was sagen Sie zur Zurückdrängung der deutschen Sprache in Wirtschaft und Gesellschaft?

Werner Kieser: Die Zurückdrängung der deutschen Sprache in Wirtschaft und Gesellschaft ist für mich ein Zeichen der Zeit. Wie auf vielen anderen Gebieten offenbart sich auch hier, wie unsensibel wir gegenüber Qualitätsverlusten geworden sind. Für mich sind sowohl die gesprochene wie die geschriebene Sprache eines Menschen oder einer Firma ein Qualitätsmerkmal und damit ein Entscheidungskriterium.

Wie würden Sie für die Aktion „1000 Gründe für die deutsche Sprache" den folgenden Satz vervollständigen: „Ich mag die deutsche Sprache, weil ..."?

Werner Kieser: Ich mag die deutsche Sprache, weil sie meine Muttersprache und damit mein geistiges Zuhause ist.

Angriff „unter der Gürtellinie"?
Schlagabtausch zwischen GfdS und VDS

Obwohl Rudolf Hoberg, der Vorsitzende der „Gesellschaft für deutsche Sprache" (GfdS), im November 2010 vor dem Verein Deutsche Sprache (VDS) Berlin/Potsdam nichts Neues oder Überraschendes vortrug, kam es dennoch zum Krach. Hobergs Thema „Der Neger, der Schwule und das Fräulein – Über Tabuisierungen und Enttabuisierungen in der deutschen Gegenwartssprache" versprach zunächst eher einen unterhaltsamen Abend als sprachwissenschaftliche Genauigkeit und Ernsthaftigkeit. Tatsächlich unterscheidet der Sprachwissenschaftler Hoberg nicht genau zwischen Tabu/Enttabuisierung und veraltendem Wortschatz. Zu Beginn stellte er den „Neger" als persönlich erlebten Besatzungssoldaten in eine Reihe mit dem „Fräulein", dem „Weib", der „Dirne" und dem „Schwulen", der sich heute ob einer solchen Bezeichnung in der Regel nicht mehr gekränkt fühlt.

Hoberg bezeichnet sich als denjenigen Sprachwissenschaftler, der sich mit dem Thema Tabu als „Handlungsverbot in der Gesellschaft" beschäftigt. Da hätte sich der Zuhörer bei der Auflistung von Tabubereichen und von Wörtern, die inzwischen vom Tabu erlöst seien, mehr wissenschaftliche Quellenbelege gewünscht. Der GfdS-Vorsitzende bleibt bei der reinen Feststellung von Enttabuisierung stehen und duldet gleichzeitig verschwommene Halbheiten: Wenn Soldaten der Bundeswehr „fallen" oder „verwundet sind", so geschieht das bei Hoberg wie in den öffentlichen Verlautbarungen im „Kampfeinsatz" und nicht im „Krieg". Die Wörter „Deutschland" und „deutsch" erhöben sich aus dem Tabu bis hinauf zum Stolz.

Außerdem streifte der Linguist geläufige geschichts- und kulturpolitische Tabubereiche. Das Tabu „Antisemitismus" wusste er mit der strapazierten Walser-Rede in Verbindung zu bringen. Die Karikaturen zum Katholizismus und Islam verbuchte er unter dem Tabu „Religion". Das „Leid der deutschen Vertriebenen und Bombenopfer" sei durch Günter Grass mit dem Werk „Im Krebsgang" vom Tabu befreit worden. Schließlich widmet sich der Sprachforscher mit besonderer Hingabe der Befreiung des „Fäkalischen/ Ekligen", die mit Hilfe des Verkaufserfolgs „Feuchtgebiete" von Charlotte Roche gelungen sei.

Nichts Neues unter der Gürtellinie musste die sprachkundige Zuhörerschaft zum Arbeitsgebiet „Sprache und Sexualität" ertragen, auf dem sich Hoberg offenbar als Vorreiter sieht. Er verweist auf Schwierigkeiten, sich verbal darüber zu äußern, und beruft sich dabei unter anderem auf den Züricher Sexualwissenschaftler Claus Buddeberg. Peinliche Stille und betretene Blicke, als er die Ergebnisse seiner Untersuchung der Vulgärwörter ausmalte.

Die anschließende Diskussion hatte es in sich und gipfelte in einem Eklat. Hermann H. Dieter bezeichnete die Kritik an der geschlechtergerechten Sprache im Behördendeutsch als neues Tabu. Eine andere Erscheinung von Tabuisierung sei die „Enttabuisierungsbehauptung" in der Politik: „Ich bin schwul, und das ist gut so." Auf diese Weise werde kein Widerspruch geduldet. Als Rudolf Hoberg daraufhin den Sprachwandel lobte, durch den neue Wörter aufgenommen werden und andere wieder „rausfliegen", regte sich heftiger Widerspruch. Der Vorsitzende des VDS Berlin/Potsdam Kurt Gawlitta wies auf die Machtverhältnisse hin, die sich in der Sprache ausdrücken. Unternehmen redeten über die Kundschaft hinweg von einer „Flatrate" statt von einem Pauschalpreis. Englische Wörter verdrängten deutsche. Im Sportfernsehen ersetze „slow motion" die Zeitlupe.

Hoberg spürte den Widerstand der VDS-Mitglieder. Er entgegnete, dass Anglizismen ein Tabu beim VDS sind, nicht aber bei ihm. Die Deutschen sollten sich nicht an den um ihre Sprache bemühten Franzosen, sondern an den Engländern orientieren. Das Englische sei eine aufnahmebereite „Mischsprache" geworden. Dennoch versuchte Hoberg sich als Sprachpfleger zu geben, indem er sich an dem Anglizismus „News" störte. Er blieb jedoch bei den Sprachfreunden unglaubwürdig, als er die Bedeutung der Anglizismen verharmloste und die Behauptung wiederholte, sie würden nur ein Prozent am Anteil der Fremdwörter ausmachen. Unmut kam auf, als Hoberg auf die Frage nach den statistischen Grundlagen für seine Behauptung keine Belege angeben konnte.

Der Philosoph Johannes Heinrichs spitzte die Diskussion weiter zu, indem er feststellte, dass die Deutschen mit den Anglizismen aus ihrer kulturellen Identität flüchteten. Auf Rudolf Hobergs Bekenntnis, die Gesellschaft für deutsche Sprache sei sprachpflegerisch tätig, entgegnete Kurt Gawlitta, die GfdS werde staatlich finanziert und rede deshalb der Regierung nach dem Mund, der VDS hingegen nicht. Dies wirkte wie ein Paukenschlag. Hoberg entgegnete empört, dieser Angriff sei „unter der Gürtellinie", und forderte eine Entschuldigung. Diese blieb jedoch aus, weil Gawlitta nicht behauptet hatte, die GfdS sei vom Staat gekauft worden. Für Hoberg mag diese Gelegenheit willkommen gewesen sein, die Diskussion abzubrechen und die Veranstaltung zu verlassen.

Frühling 2011

Bericht aus Berlin
„Es lebe Berlin"

„Es lebe Berlin", heißt der treffliche Wahlspruch der Berliner Verkehrsbetriebe (BVG.de). „Es lebe Berlin", könnte auch das Leitwort der Ausstellung „Berlins vergessene Mitte. Stadtkern 1840–2010" im Ephraim-Palais sein. Die Stiftung Stadtmuseum und das Landesarchiv zeigen noch bis zum 27. März auf 380 Originalfotos und mit Fundstücken Berlins historische Altstadt rund um die Kirchen St. Marien und St. Nikolai, wo heute der Fernsehturm am Alexanderplatz und das Nikolaiviertel sind. Die Spuren der Geschichte unter dem Berliner Pflaster reizen die heutigen Stadtplaner – das veranschaulicht ein Kartenausschnitt des Planwerkes Innenstadt.

„Es lebe Berlin" – unter diesem Zeichen stand bis zum 6. März auch die Ausstellung im Deutschen Historischen Museum „Reinhold Begas: Monumente für das Kaiserreich". Sie erinnerte an den berühmtesten Bildhauer des Berliner Neubarocks anlässlich seines 100. Todestages. Sein Nationaldenkmal für Kaiser Wilhelm I. wurde 1950, ein Jahr vor der Sprengung des Berliner Schlosses, zerstört. Verschwunden sind auch seine brandenburgisch-preußischen Herrscherstandbilder der Siegesallee im Tiergarten. Dort wurden sie 1954 heimlich vergraben. Erhalten sind zum Glück nicht nur die Löwengruppen vom Sockel des Nationaldenkmals im Tierpark Friedrichsfelde.

Verspielt und lebendig wirken die Figuren des „Neptunbrunnens" vor dem Roten Rathaus. Anziehungspunkte sind auch das „Alexander-von-Humboldt-Denkmal" Unter den Linden, das „Bismarck-Denkmal" am Großen Stern und natürlich das „Schiller-Denkmal" auf dem Gendarmenmarkt. Die Auseinandersetzung der Fotografen mit Begas' Werken im Berliner Stadtraum veranschaulichte bis zum 16. Januar die Fotoschau im Georg-Kolbe-Museum „Reinhold Begas – Vom Atelier in die Stadt – Photographien". Ergreifend sind die Fotoserien zum Kaiser-Wilhelm-Nationaldenkmal – die glanzvolle Einweihung und der Abriss. Dokumentiert sind richtungsweisende Werke, wie der Neptunbrunnen und das Schillerdenkmal.

Der Dichter der Freiheit, Friedrich Schiller, konnte die Huldigung der Berliner anlässlich seiner Reise nach Berlin im Mai 1804 entgegennehmen. Vor der Aufführung seines Trauerspiels „Die Braut von Messina" wurde er bei seinem Erscheinen in der Theaterloge von den Zuschauern mit endlosem Jubel begrüßt. Eine Sensation war schon am 23. November 1801 die Berliner Aufführung der romantischen Tragödie „Die Jungfrau von Orleans" unter dem berühmten Schauspieler August Wilhelm Iffland durch den prunkvoll inszenierten Krönungszug. Der 100. Geburtstag des Nationaldichters war den Berlinern 1859 Anlass für die Errichtung des auch heute bestaunten Denkmals.

Im wieder reichhaltigen Berliner Konzertprogramm des Winters machten die Rockkonzerte der Gruppe „Unheilig" von sich reden, weil der Sänger Graf mit hoher Musikalität nur deutsch singt. Ein viel gewünschtes Lied aus dem Album „Große Freiheit" ist „Geboren um zu leben".

Sinnliche Erfahrung von Sprache
Anliegen und Arbeit eines Sprecherziehers

Seien Sie zu eigenen sinnlichen Erfahrungen beim Sprechen eingeladen. Haben Sie es selbst schon einmal erlebt, dass Ihnen literarische Sprache so gefällt, dass Sie beim Lesen laut sprechen? Reime, Verse und Zeilen sind dann so ansprechend, dass wir sie vortragen wollen. Friedrich Schiller hat diese ansprechende Literatur 1795 in seinem Gedicht „Der Spaziergang" beschrieben: „Körper und Stimme leiht die Schrift dem stummen Gedanken, / Durch der Jahrhunderte Strom trägt ihn das redende Blatt."

Das Dichtungssprechen ist in den letzten beiden Jahren ein Arbeitsgebiet von mir geworden. Die Neue Fruchtbringende Gesellschaft zu Köthen/Anhalt veranstaltet seit 2007 jedes Jahr einen Schülerschreibwettbewerb unter dem Titel „Schöne deutsche Sprache". Schüler aus dem ganzen Land reichen ihre Gedichte und Geschichten ein. Die jungen Preisträger dieses Wettbewerbs sprechen ihre Dichtungen im Festsaal des Köthener Schlosses am Tag der deutschen Sprache im September und ich bereite sie am Vormittag darauf vor.

Die sprecherische Gestaltung ist so schöpferisch wie das Schreiben. Erich Drach, der Begründer der Sprecherziehung, schrieb in den 1920er Jahren, dass es dabei darauf ankommt, das in der Dichtung Empfundene zu empfinden und in eine „neue Redelage" zu stellen. In seinem Buch „Die redenden Künste" von 1926 zitiert er den Philosophen Richard Müller-Freienfels und bezeichnet das Dichtungssprechen als „Resubjektivieren objektivierter Subjektzustände". Mit anderen Worten: Wenn wir Dichtungen sprechen, gestalten wir Sprache auf unsere eigene Weise und sind nur dem Text und uns selbst verantwortlich. Es ist dabei unerheblich, ob wir ein eigenes Werk oder das eines anderen Verfassers sprechen.

Die Sprecherziehung hat drei Ziele: erstens die soeben beschriebene sprecherische Gestaltung von Dichtung, zweitens die wirkungsvolle Rede im Vortrag oder im Gespräch und drittens die Schulung der Sprechstimme und Artikulation, auch Stimm- und Sprechbildung genannt. Diese drei Ziele wurden schon in der Rhetorik in der Antike verfolgt. Bei einem der bedeutendsten Autoren, Quintilian (35–96 n. Chr.), heißt es: „Nihil potest intrare in affectum, quod in aure, velut quodam vestibulo, statim offendit." – Also: Nichts kann den Weg ins Gemüt finden, das schon im Ohr, also gewissermaßen im Vorhof, Anstoß erregt.

Die Bedeutung von Sprache und Stimme wurde schon früh erkannt. Die Stimm- und Sprechbildung ist die Grundlage der sprecherzieherischen Arbeit. Mit der Stimme beschäftigen wir uns, wie überhaupt mit unserem Körper, meist erst bei Schwierigkeiten oder Erkrankungen. Die Stimm- und Sprachheilkunde, die „Phoniatrie", gründete sich im Jahr 1905. Damals erwarb Hermann Gutzmann sen. an der Medizinischen Fakultät der Berliner Universität die Lehrbefähigung und begann mit seinen Vorlesungen über Sprachstörungen. Das beeindruckende Grab der Medizinerfamilie Gutzmann habe ich unlängst bei einem Wochenendausflug in der Mark Brandenburg in Teupitz am gleichnamigen See entdeckt. Sein Sohn Hermann Gutzmann jun. gründete 1962 in Berlin-Dahlem die erste Logopädenlehranstalt. Der Heilberuf des Logopäden entstand nach dem Krieg, den pädagogischen Beruf Sprecherzieher gab es schon davor. Die Stimm- und Sprachheilkunde entwickelte sich zu Beginn des vorigen Jahrhunderts von zwei Zentren aus: Berlin und Wien. In Wien wirkte der Phoniater Emil Fröschels.

Von Fröschels stammt die Kaumethode zur Ausbildung der Sprechstimme. Sie beruht auf der Doppelfunktion von Organen: für die Nahrungsaufnahme und das Sprechen. Gut schmeckendes Essen weitet den Rachen und beeinflusst den Stimmklang. Die Stimme klingt weicher und voller. Der harte, spröde und gedrückte Stimmklang der Angstgefühle ist auf eine Einengung des Rachens zurückzuführen. Wenn wir beim Essen etwas brummen – „Mhm, mhm…" – wird ein Stimmton unterhalb der mittleren Sprechstimmlage erreicht. Zunächst wird mit Essbarem im Mund geübt und dann mit der Vorstellung einer schmeckenden Speise. Danach folgen Kausilben und Wörter, beispielsweise „Mjam, mjam, mjam – Name, mjem, mjem, mjem – nehmen, mjim, mjim, mjim – Miene , mnjom, mjom, mjom – Note".

Wenn wir uns jetzt gedanklich auf die Ebene unserer ein bis zwei Zentimeter langen Stimmlippen im Kehlkopf begeben, haben wir in dieser tiefen Stimmlage eine sogenannte Vollschwingung. Die Stimmlippen schwingen mit großer Schwingungsweite. Wir befinden uns von der Resonanz her betrachtet im Brustregister. Wenn wir die Stimme heben, weil wir uns über etwas aufregen, gegen Umgebungslärm ansprechen oder vielleicht besonders freundlich wirken wollen, werden die Stimmlippen angespannt und dadurch etwas verlängert. Es schwingt nur der äußere Rand der Stimmlippen. Die Muskulatur wird stärker beansprucht und kann schneller ermüden.

Jede Schwingung, auch die Stimmlippenschwingung, braucht für die Resonanz den Körper. Wenn wir eine Stimmgabel anschlagen, hören wir kaum etwas. Erst wenn wir sie auf den Tisch stellen oder an die Stirn halten, ist der Ton wahrnehmbar. Wir können den menschlichen Körper mit einem Saiteninstrument vergleichen. Schlägt man eine Gitarrensaite an, schwingt sowohl die Luft im Korpus, als auch der Korpus selbst. Gitarren brauchen gut schwingendes Holz und wir brauchen eine gut schwingende Muskulatur von den Füßen bis zur Schädeldecke.

Berufssprecher im Fernsehen nutzen die Körperresonanz aus, indem sie im Stehen sprechen. Jan Hofer, seit 2004 Hauptsprecher der Tagesschau, hat am 20. Juni 2005 das Stehen während der Sendung eingeführt. Zur Begründung sagte er der Berliner Zeitung: „Beim Stehen hat man eine bessere Körperhaltung. Man kann besser atmen und ist dynamischer." In vielen Sprechberufen in Wirtschaft und Verwaltung bemüht man sich auch, Stehplätze einzuführen. Doch lässt sich die sitzende Tätigkeit in manchen Büros nicht vermeiden. Hier kommt es darauf an, beim Sprechen im Sitzen eine aufrecht-elastische Haltung einzunehmen, die Atmen und Sprechen fördert. Auch im Sitzen können wir Körpergewicht über die Füße an die Erde abgeben. Die Sicherheit, die uns der Boden gibt, überträgt sich auf die Stimme und damit auf den Hörer. Wenn wir beide Füße ungefähr schulterbreit auseinander aufstellen, können wir uns vier rechte Winkel denken: den ersten zwischen Fuß und Unterschenkel, den zweiten zwischen Unter- und Oberschenkel, den dritten zwischen Oberschenkel und Rumpf und den vierten zwischen Hals und Unterkiefer.

Wie sich diese aufrechte Körperhaltung auf die Atmung auswirkt, können wir spüren, wenn wir eine Hand auf den Bauch legen und mit locker aufeinanderliegenden Lippen langsam mit Lippenbremse ausatmen. Dann versuchen wir die Reserveluft, die noch im Körper ist, durch die Lippen hinauszubewegen. Wir warten bis Lufthunger entsteht und lassen die frische Luft durch die Nase in den Körper strömen. Erfolgreich ist die Übung, wenn wir merken, dass sich die Hand auf der Bauchdecke nach vorn, außen bewegt. So aktivieren wir mit dieser Übung unseren Hauptatemmuskel, das Zwerchfell. Das bewegt sich beim Einatmen nach unten und verdrängt dabei innere Organe, wodurch sich die Bauchdecke nach vorn ausdehnt.

Sprechen ist tönend gemachtes Ausatmen. Während des Sprechens atmen wir kaum durch die Nase. Wir brauchen mehr Luft und bekommen sie schneller durch den Mund. Wenn wir stehen oder aufrecht sitzen, hat das Zwerchfell genügend Bewegungsraum und kann die Atemluft leicht und geräuschlos ergänzen. Dieses Sprechen „aus dem Bauch heraus", vom Zwerchfell her, können wir mit einem energischen „Ja!" üben. Achten Sie auf eine gute Mundöffnung. Mit einer Hand bemerken wir dabei die Anspannung der Bauchmuskulatur beim Sprechen und die Lösung dieser Spannung am Ende des Ausspruchs. Mit der anderen Hand können wir auch die leichte Kehlkopfbewegung am Hals spüren. Bei der Stimmgebung wird im Kehlkopf Spannung aufgebaut und in der Sprechpause gelöst. Das geschieht auch, wenn Sie p, t und k am Wortende deutlich sprechen, beispielsweise „Tipp", „Luft", „Blick".

Die Aussprache ist ein Reiz, auf den der Körper antwortet. Die deutliche Artikulation spart Stimmkraft. Oft verbirgt sich hinter der Aufforderung „Reden Sie mal lauter!" die Botschaft „Ich habe Sie nicht verstanden, weil Sie undeutlich sprechen." Wichtig für eine gute Aussprache ist, dass wir den Mund möglichst leicht öffnen können. Im Kieferbereich kommt es schnell zu Verspannungen. Mit einer Massage der Kaumuskulatur mit den Fingerkuppen und der Schläfenmuskulatur mit den Handballen bei leicht geöffnetem Mund können wir diese Verspannungen lösen und danach mit auf den Gesichtshälften aufgelegten Händen den Mund weit öffnen.

Die vier unterschiedlichen Kieferwinkel und Hebungsstufen der Zunge lassen sich gut mit den Vorderzungenvokalen „a", „ä", „e" und „i" üben. Vor dem Spiegel sollte auch beim engen „i" die Zunge zwischen den Zähnen zu sehen sein. Beim Üben übertreiben wir bei der Artikulation, um in der Umgangssprache deutlicher zu werden. Stimmhafte Konsonanten bringen die Stimme nach vorn. Das spüren wir mit den Wörtern „Muntermacher", „Neffen und Nichten", „Wind und Wellen", „Land und Leute", „Sang und Klang", „Sonnenseite".

Wir haben uns zuerst mit der Stimmgebung im Kehlkopf beschäftigt und danach gespürt, wie sich Körperhaltung, Atmung und Artikulation auf die Stimme auswirken. Ich empfehle, immer wieder die eigene Stimme aufzunehmen. Wir lassen uns fotografieren und staunen, wie wir aussehen. Noch erstaunlicher und gewöhnungsbedürftiger ist die aufgenommene Stimme, weil wir uns selbst verzerrt hören. Ich bitte meine Kursteilnehmer, einen kurzen Redebeitrag aufzusprechen, beispielsweise: „Welcher Stimme hören Sie gern zu und warum?" Bei der Auswertung der Aufnahmen erläutere ich Stimmeigenschaften. Ziele meiner Tagesseminare und Schulungen zur Stimm- und Sprechbildung sind die aufrecht-elastische Körperhaltung, natürliche Zwerchfellatmung, mittlere Sprechstimmlage, deutliche Lautbildung und der authentische Sprechausdruck. Die Sprechausdrucksmittel sind: Sprechtempo (Tempowechsel), Hervorhebungen (Betonungen), Sprechmelodie (Tonhöhenbewegung), Pausen, Artikulation, Stimmklang, Präsenz (Mikrofonabstand, Geistesgegenwart). Den gekonnten Einsatz der Sprechausdrucksmittel hören wir in Aufnahmen mit Gedichten.

Ich wünsche, dass Sie Ihre Stimme liebgewinnen und am Sprechen Freude haben. In Goethes Faust heißt es: „Allein der Vortrag macht des Redners Glück."

Sommer 2011

Bericht aus Berlin
„Frisch, fromm, fröhlich, frei"

„Frisch, fromm, fröhlich, frei" sind die Worte Friedrich Ludwig Jahns (1778–1852). Er hat sie in seinem mit dem Turnlehrer Ernst Wilhelm Bernhard Eiselen verfassten Buch „Die Deutsche Turnkunst" bekanntgemacht. Der Gründer der deutschen Turnbewegung – mit Beinamen Turnvater – verdient in diesem Jahr in Berlin eine besondere Würdigung. Vor 200 Jahren, im Juni 1811, richtete er in der Hasenheide den ersten öffentlichen Turnplatz ein. Die Ausstellung „200 Jahre Turnbewegung – 200 Jahre soziale Verantwortung" in der Max-Schmeling-Halle wandert durch Deutschland. Zu diesem Jubiläum werden die Erinnerungsstätten restauriert. Der Senat von Berlin übernimmt die Herrichtung des Jahn-Denkmals des Bildhauers Erdmann Encke in der Hasenheide. Am Fuße der vier Meter hohen Bronzefigur sind 112 Steine mit Inschriften angebracht. Diese Widmungen aus aller Welt rechtfertigen die Bezeichnung „sportliches Weltkulturerbe": Ausgewanderte deutsche Turner schickten aus den Vereinigten Staaten von Amerika und aus Brasilien Steine mit Widmungen nach Berlin. Im 1848 gegründeten Turnverband „American Turners" im Bundesstaat Ohio (www.americanturners.com) war Deutsch lange Zeit die offizielle Sprache. Der Verband pflegt auch heute das Erbe des Turnvaters.

„Frisch, fromm, fröhlich, frei" – besonders die Bedeutung von „fromm" und „fröhlich" erläutert Jahn. Fromm sei der „Inbegriff aller sittlichen Thatkraft, aller Willensstimmung, als Pflichttreue und Voransein". „Fröhlich muß mitteilen, gemeinsam empfinden." – Es gibt genug geborene und gewordene Berliner, die nach diesem Spruch handeln. So setzt sich die Bürgerinitiative Tempelhof 42, benannt nach der alten Postleitzahl, für den Flughafen Tempelhof als Weltkulturerbe ein. Der geschichtlich bedeutsame Hauptstadtflugplatz wurde unter großem Erschließungsaufwand teilweise der Hasenheide abgerungen. – Der Verein Schildhorn will das Denkmal für Jaxa von Köpenick im Grunewald auf einer Landzunge der Havel erhalten. Hier soll der heidnische Slawenfürst 1157 den Kampf gegen Herzog Albrecht den Bären aufgegeben und die Gründung der Mark Brandenburg ermöglicht haben. – Der Förderverein Berliner Schloss freut sich über seinen Umzug vom Hausvogteiplatz auf den Schloßplatz in die Humboldt-Box. Der Name „Box" passt überhaupt nicht zu dem in futuristischer Architektur gestalteten, fünf Stockwerke hohen Bauwerk an der Schloßbrücke vor der Museumsinsel.

„Fromm" in der Bedeutung Nutzen, Vorteil, vom althochdeutschen „fruma" hergeleitet, wird der Geist der Brüder Alexander und Wilhelm von Humboldt in den Mauern des Berliner Schlosses herrschen. Übrigens ist das Humboldt-Schlösschen in Tegel noch im Familienbesitz und kann zur Sommerzeit nach Anmeldung besichtigt werden. Die Humboldt-Universität hütet Sammlungen, Archive und Bibliotheken. Lebendig hält sie auch das Bildungsideal Wilhelm von Humboldts, indem sie den Humboldt-Preis für gute Lehre auslobt. Der erste Preisträger, Roland Berbig, ist ein Förderer des wissenschaftlichen Nachwuchses auf dem Gebiet der deutschen Literatur, beispielsweise bei der Erschließung von Nachlässen des Schriftstellers Walter Kempowski und des Herausgebers der Lexika der deutschen Dichter Franz Brümmer.

„Frisch" beteiligten sich fünf Berliner Grundschulen am Kostümwettbewerb für die Kinderoper „Der Ring des Nibelungen" von Richard Wagner. Die Urenkelin und Leiterin der Bayreuther Festspiele, Katharina Wagner, zeichnete die Sieger am 5. April in der Deutschen Oper Berlin aus und lud alle Beteiligten zur Uraufführung am 25. Juli nach Bayreuth ein. Wussten Sie, dass in Berlin Seefestspiele stattfinden? Die „Seebühne" auf dem Wannsee spielt im August „Die Zauberflöte" von Wolfgang Amadeus Mozart.

„Fröhlich" ging es beim Konzert der deutschen Musikgruppe „Die Prinzen" am Anhalter Bahnhof zu. Hier begann am 3. April die Konzertreise zum 20. Bühnenjubiläum der im Leipziger Thomanerchor und im Dresdener Kreuzchor ausgebildeten Sänger, die sich auch mit Denglisch auseinandersetzen. Sie sangen wie immer nicht „fromm", aber in deutscher Vielfältigkeit satirisch und humoristisch. So unbefangen und „frei" gab sich der deutsche Dichter Jean Paul um 1800 in Berlin. Die Berlin-Brandenburgische Akademie der Wissenschaften beging seinen 248. Geburtstag mit einer Lesung aus dem Berliner Briefwechsel und der Vorstellung der zwei Briefbände sowie zweier Bände des gesamten Nachlasses in der Staatsbibliothek, der einst vom preußischen Staat angekauft wurde. Jean Paul schreibt am 10. März 1801 in Berlin an Königin Luise und trägt sich ein in das „Verzeichnis derer, welche heute der schönen und edeln Königin

Glük zu Ihrem Geburtstage wünschen werden". Nach Königin Luise fragt die russisch-deutsche Monatszeitung „Königsberger Allgemeine" in einem Preisausschreiben ihrer Aprilausgabe. „Wie hieß die Königin, die den Königsbergern am Herzen lag?" Königin Luise hielt sich zweimal mit ihrem Gatten König Friedrich Wilhelm III. in Königsberg auf: 1798 zu seiner Huldigung und 1806 auf der Flucht vor Napoleon. Die Zeitung versteht sich als „Informationsbrücke" zwischen Russland und Deutschland. Sie wurde in ihrem zweiten Erscheinungsjahr während der Internationalen Tourismusbörse Berlin – ITB – im März verbreitet und ist neuerdings an Berliner Zeitungskiosken zu haben.

Der beste Artikel für mich heißt „Für die Deutschlernenden". Die russische Überschrift ist viel länger und lautet in der wortwörtlichen, unschönen Übersetzung „Für die, die die deutsche Sprache zu lernen wünschen". Der im Werbestil gegliederte Zeitungsbeitrag endet nach einem Zitat der berühmt-berüchtigten Einstellung Mark Twains zum Erlernen der deutschen Sprache: „In Wirklichkeit besteht kein Grund zur Sorge. Jeder, der schon mal Deutsch gelernt hat, wird bestätigen – diese Sprache ist nicht schwieriger als jede andere." Zwei Studentinnen berichten, wie das Lernen der deutschen Sprache kein frommer Wunsch blieb.

Zu unser aller Nutz und Frommen könnte der Wahlspruch der deutschen Turner unseren Berliner Alltag erhellen: Frisch, fromm, fröhlich, frei!

Der Weg zur eigenen Sprache

Corinna Siebert: Unheilig. Der Graf – Geboren um zu singen. Die inoffizielle Biografie. Königswinter: Heel Verlag 2011, 176 S., 12,95 Euro

Corinna Siebert hat über ihre Begeisterung für den Sänger Graf ein Buch geschrieben. Die Biografie ist ohne Mitwirkung seiner Gruppe „Unheilig" entstanden. Die unbefangenen Äußerungen des Grafen in vielen Medien bilden die Quellen der lebendigen Darstellung. Die Sprache spielt in seiner schulischen und beruflichen Entwicklung bis zu seinem musikalischen Ruhm eine entscheidende Rolle. „Nicht nur die Musik des Grafen lebt von großen Emotionen, auch auf der Bühne zeigt er sehr viel Mut zum Gefühl und spart nicht mit großen Gesten. Er ist ein wahrer Zeremonienmeister. Er dirigiert seine Band und sein Publikum gleichermaßen mit seinen tanzenden Händen" (S. 121).

Die sprachbegleitende Gestik könnte ursprünglich eine Hilfestellung gegen das Stottern in der Schulzeit gewesen sein. Lehrer empfahlen ihm aus diesem Grund eine mehr handwerkliche Berufswahl. Doch beeinflusst von Filmmusiken widmete er sich eigenen Kompositionen. „Mit der Musik hat der Graf eine Sprache gelernt, die auch ohne Worte auskommt, und das ließ ihn mit der Zeit selbstbewusster werden" (S. 96). Während der Ausbildung zum Hörgeräteakustiker riet ihm ein Freund, auch seinen Gesang aufzunehmen. 2001 veröffentlichte seine im Vorjahr gegründete Gruppe, deren Namen „Unheilig" die Autorin als Kritik eines religiösen Menschen an der heutigen Kirche deutet, ihr Debütalbum „Phosphor". „Wenn man die … englischen Titel des Albums hört, … kann man den Grafen im Nachhinein nur zu der Entscheidung beglückwünschen, seine Nachfolgealben ausschließlich auf Deutsch zu schreiben" (S. 138).

Es sei wesentlich leichter, seine Träume und Gedanken in der Muttersprache auszudrücken, bekennt der Graf. „Übersetzungen ins Englische können nie diese Gefühle beschreiben. Aber ich sehe hier auch international keine Probleme. In Russland zum Beispiel singt das Publikum die Texte sogar auf Deutsch mit" (S. 56). Sein Vorbild ist Herbert Grönemeyer, der im Ruhrgebiet so verwurzelt ist, wie er selbst in Aachen. „Aachen ist die schönste Stadt der Welt … An jeder Ecke erkenne ich mein komplettes Leben wieder" (S. 114).

Mit seinem siebenten Album „Große Freiheit" gelang dem Grafen im vorigen Jahr der größte Erfolg. Mit der dazugehörigen Konzertreise wurde er in allen Medien bekannt. Lieder wie „Geboren um zu leben", „Große Freiheit" und „Unter deiner Flagge" entführen uns aus dem Trott der englischen Gesänge „in die traumhafte Welt des unheiligen Grafen" (S. 91).

Siebert beteiligt sich „weder an den Spekulationen über den bürgerlichen Namen des Grafen noch an Überlegungen zu seinem Familienstand, seinen Beziehungen, seiner Schuhgröße oder seinem Sternzeichen noch zu sonstigen Details aus seinem Privatleben" (S. 7). Ausführlich beschreibt die Autorin die zum Teil verfilmten Lieder der Alben des Grafen und seinen Weg zur eigenen Sprache. Ihre Sprache ist

dabei jedoch wie die des Musikmarktes von Anglizismen durchzogen.

Körper-Stimmtraining und Sprechausdruck

*Heidi Puffer: ABC des Sprechens. Grundlagen, Me-
thoden, Übungen. Leipzig: Henschel Verlag 2010, 160
S., 16,90 Euro*

Nachdem vor gut drei Jahren im Henschel-Verlag das
„ABC des Singens" des Phoniaters Wolfram Seidner
mit genauen Darstellungen zur Atmung, Stimmerzeu-
gung und Klangformung erschienen ist, können nun
vom „ABC des Sprechens" der Sprecherzieherin Heidi Puffer physiologische Details nur am Rande erwartet werden. Die Autorin hat ein Übungsbuch geschrieben, in dem zunächst die klare Gliederung auffällt.
Getreu dem Buchtitel ordnete sie den Inhalt in drei
Kapitel: A wie Grundlagen zum Körper, zur Atmung
und Stimmgebung; B wie Sprechen und seine Aus-
drucksmittel; C wie Selbsteinschätzung. Das letzte
Kapitel beinhaltet Übersichten mit einzelnen in den
vorherigen Kapiteln beschriebenen Übungen. In diese
etwas klein geratenen Tabellen können selbst festzu-
legende Ziele und Beobachtungen beim Üben einge-
tragen werden. Hier erfahren wir, dass Heidi Puffer
mindestens vier Wochen für ein erfolgreiches Trai-
ning vorsieht. Für das vorher entworfene Programm
(S. 92) sollte „wenigstens dreimal wöchentlich eine
Stunde Zeit" verwendet werden.

Dieses Körper-Stimmtraining steht als Ergebnis am
Ende des Kapitels A. Für das Programm hat Heidi

Puffer zuvor 20 Körperübungen, 15 Atmungs- und 34 Stimmübungen ausführlich vorgestellt. Sie bezieht sich dabei auf Erkenntnisse von Moshé Feldenkrais, die Alexander-Technik und die Methode von Kristin Linklater, für die sie autorisierte Trainerin ist. Die Übungen sind keine Schreibtischarbeit. Geübt wird im Liegen, Sitzen, Stehen und Gehen. Die Autorin empfiehlt, eine geeignete Räumlichkeit auszuwählen und gelegentlich zu zweit zu üben, um Rückmeldungen zu erhalten. Die einfühlsamen Beschreibungen und Fotos erinnern an die Studentenausbildung im Theaterfach. Manche temperamentvolle Formulierung, wie „Schütteln Sie während des Seufzens mit Ihren Händen Ihre Bauchdecke über dem Zwerchfell leicht in Richtung Wirbelsäule nach hinten." (S. 66) oder „Seufzen Sie Ihre Stimme los, so dass ein längerer Stimmlautklang auf einer Tonhöhe entsteht." (S. 77), könnte für ein Fachbuch überdacht werden. Einzelne Körperübungen, wie beispielsweise „Kopfüber" (S. 28) werden auch für die Atmung (S. 44) und für die Stimme (S. 88) genutzt. Die Körperübung „Kopfüber" mit der Aufrichtung Wirbel für Wirbel ist auch als „Farnblatt" oder „Farnübung" bekannt. Mit dem Lösen von Fehlspannungen und der Freisetzung der Atmung wird die „direkte Stimme" gefunden. Die sprechende Person fühlt, was sie sagt, und täuscht keine Stimmungen („falsche Theatertöne") vor (S. 60).

Knapp und präzise führt Heidi Puffer im Kapitel B mit den Modellen und Begriffen von Hellmut Geißner in die sprechwissenschaftlichen Grundlagen ein, um dann auf dem Gebiet der Sprechausdrucksmittel erneut Übungen (14) anzubieten. Hierfür hat sie gute Sachtexte sowie geeignete literarische Proben von

Georg Büchner, Wilhelm Busch, Robert Gernhardt, Heinrich von Kleist und Peter Brook ausgewählt. Erfreulich ist, dass sie zu Aufnahmen und damit zur Selbstwahrnehmung ermuntert. Geübt werden Akzentuierungen durch Veränderung der Tonhöhe (melodischer Akzent), der Lautstärke (dynamischer Akzent) und der Tonhaltedauer (temporaler Akzent). Zur Differenzierung von langen und kurzen Vokalen in den Übungswörtern ist jedoch anzumerken, dass hier keine sprechgestalterische, sondern eine normphonetische Funktion vorliegt. Für das Üben stimmlicher Klangfarben könnten diese für die Textgestaltung noch genauer beschrieben werden. Es folgen Übungen zum Sprechtempowechsel, zur Pausensetzung und Artikulation. Zum Üben der klaren Artikulation verweist Heidi Puffer auch auf die sprecherische Präsenz und erinnert an den Ausspruch Kristin Linklaters „Schwammiges Denken ist ein grundlegendes Hindernis für klare Artikulation" (S. 130). Als Übungstexte verwendet die Autorin bekannte Zungenbrecher. Für vertiefende Übungen zur Artikulation und Sprechgeläufigkeit gibt es ein „Sprecherzieherisches Übungsbuch" von Edith Wolf und Egon Aderhold, erschienen im Henschel-Verlag.

Nach dem Kapitel C mit den Übersichten zur Selbsteinschätzung folgen ein Verzeichnis der im Buch beschriebenen Übungen mit Seitenangabe und Literaturhinweise. Das „ABC des Sprechens" ist mit seinem reichen Übungsfundus nicht nur ein „Ausbildungs-ABC", sondern auch ein gutes Nachschlagewerk für Lehrende.

Herbst 2011

Bericht aus Berlin
„Schaut auf diese Stadt!"

"Schaut auf diese Stadt!" Dieses geflügelte Wort stammt aus der Rede des sozialdemokratischen Regierenden Bürgermeisters von Berlin, Ernst Reuter, am 9. September 1948. Nur mit wenigen Stichwörtern trat er im Freien vor dem Reichstag vor mehr als 300000 Berlinern an das Mikrofon. Im Bewusstsein der Funk- und Filmaufnahmen richtete er seinen beschwörenden Anruf an die Völker der Welt. Langsam, laut und deutlich betonte er jede Silbe. Während die Besatzungsmächte über das Schicksal Berlins verhandelten, sprach Ernst Reuter mit bewegter Stimme von „unserem alten Reichstag mit seiner stolzen Inschrift ‚Dem Deutschen Volke'". Er spürte die drohende Spaltung Berlins und verbreitete die Gewissheit ihrer Überwindung.

Dreizehn Jahre später schaute die Welt auf diese Stadt, als eine sozialistische Einheitspartei die Hauptstadt auseinanderriss. Ihr „antifaschistischer Schutzwall" zerschnitt in Folge auch das ganze Deutschland. 1065 Todesopfer dieser deutschen Tragödie sind bisher bekannt. Die „Arbeitsgemeinschaft 13. August" und der Verein „Mauermuseum" widmeten ihnen im Jahr 2004 das Mahnmal „Sie wollten nur die Freiheit" vor dem ehemaligen amerikanischen Militärkontrollpunkt in der Friedrichstraße. Auf beiden Straßenseiten wurde für jedes Todesopfer ein zwei Meter hohes dunkles Holzkreuz mit Namen und Foto aufgestellt. Diese 1065 Kreuze mussten nach langen Auseinandersetzungen mit dem Eigentümer des Grundstücks vor sechs Jahren entfernt werden. Mit dem Segen von Salvatorianerpater Vincens hoffen Arbeitsgemeinschaft und Verein auf einen würdigen Ort für das Freiheitsmahnmal.

Schaut auf diese Stadt! Das tun fünfzig Jahre nach der Errichtung der „Berliner Mauer" Millionen Landsleute und Gäste aus allen Erdteilen. Die Bezeichnung der gewaltigen Sperranlagen als „Mauer" ist beschönigend. Die althochdeutsche Bedeutung „aus Steinen und Mörtel errichtete Wand" geht auf das lateinische „murus" zurück und rührt aus der Zeit, als die germanischen Stämme die römische Steinbautechnik kennenlernten. Bei der Betrachtung einer Abbildung des „Pionier- und signaltechnischen Ausbaus" kann kein verklärender Rückblick und schon gar keine verharmlosende Erinnerung aufkommen. Zwischen „Vorderem Sperrelement" und „Hinterlandmauer" verbergen sich Kraftfahrzeugsperre mit Graben, Kontrollstreifen, Kolonnenweg, Lichttrasse, Beobachtungtürme und Führungsstellen, Flächen- und Höckersperren sowie der Grenzsignalzaun.

Drei der gefürchteten „Türme" sind noch erhalten: Die „Führungsstelle" am Kieler Eck in der Nähe des Spandauer Schifffahrtskanals ist Gedenkstätte für den ersten Erschossenen, Günter Litfin. Ein „Rundblickbeobachtungsturm" steht südlich des Leipziger Platzes an der Erna-Berger-Straße in Mitte. Die von der Stresemannstraße abgehende Straße trägt seit Juni 2003 den Namen der berühmten deutschen Opernsängerin. Die „Führungsstelle" am Schlesischen Busch liegt zwischen den Bezirken Kreuzberg und Treptow im

Schlesischen Park. Die benachbarte „Kunstfabrik am Flutgraben" hat früher Merkwürdiges erlebt. Sie war eine volkseigene Reparaturwerkstatt für Busse und Lastwagen. Während in der Werkhalle die Schlosser arbeiteten, wachten auf dem Dach die Grenzsoldaten darüber, dass niemand wieder in den Flutgraben springt und nach Kreuzberg schwimmt.

Unvergessen sind die drei Kirchen im ehemaligen Sperrgebiet: die Versöhnungskirche nahe der Bernauer Straße in Mitte, die Heilandskirche am Port von Sacrow an der Havel und die Dorfkirche Alt-Staaken in Spandau. Die Versöhnungskirche aus rotem Backstein im neugotischen Baustil missbrauchten die Grenztruppen. Im Januar 1985 wurde sie gesprengt. Heute ersetzt die kleine am 9. November 2000 eingeweihte in Lehmarchitektur gehaltene Kapelle der Versöhnung die einstige große Stadtkirche. In der kleinen Kapelle werden jetzt in der Nacht zum 13. August in einer Gedenkveranstaltung sechs Stunden lang die Lebensläufe der Todesopfer vorgetragen. Die von Berlin aus sichtbare Sacrower Heilandskirche am Ostufer der Havel schuf von 1841 bis 1844 Ludwig Persius nach Zeichnungen von König Friedrich Wilhelm IV. Unzugänglich im Niemandsland der Grenze gelegen, drohte sie Mitte der 1980er Jahre zu verfallen und im Wasser zu versinken. Mit großem Aufwand ist sie in alter Schönheit wiedererstanden. Ihr freistehender Glockenturm wird bis August 2012 instandgesetzt werden. Aus der Staakener Dorfkirche in Spandau wurden 1962 Emporen, Altar, Orgel und Kanzel entfernt. Aus der Wüstenei innen und außen ließen die Gemeindemitglieder ihre Kirche in neuem Glanz erstrahlen. Ein Blickfang in der 2002 wiedereingeweihten Kirche ist das monumentale Wandgemälde „Versöhnte Einheit" des italienischen Malers Gabriele Mucchi. In diesem Gemälde vereinigt der Künstler unter dem gekreuzigten Christus zwölf Persönlichkeiten aus dem 16. Jahrhundert: Nikolaus Kopernikus, Ulrich Zwingli, Johannes Calvin, Ignatius von Loyola, Thomas Morus, Katharina von Bora, Martin Luther, Thomas Müntzer, Johannes Bugenhagen, Philipp Melanchthon, Lucas Cranach und Erasmus von Rotterdam.

Wie die Humanisten und Reformer unter dem Kreuz stellt der Anthroposoph Rudolf Steiner die Fragen: „Was ist der Mensch? Was ist sein wahres Wesen? Wie kann der Mensch dem Menschen ein Mensch sein?" Zu seinem 150. Geburtstag bot das Arbeitszentrum Berlin der Anthroposophischen Gesellschaft ein vielfältiges Programm. Dazu zählen Stadtrundfahrten im September und Oktober zu den Orten des Lebens und Wirkens Rudolf Steiners in Berlin zwischen 1897 und 1923.

Schaut auf diese Stadt, hieß es beim „Willkommen Papst Benedikt!" am 22. und 23. September in Berlin. Mit den wenigen christlichen Feiertagen steht der Hauptstadt das Sinnzeichen des Kreuzes gut. Der Reichstag und das Olympiastadion wurden erfüllt vom christlichen Geist „Wo Gott ist, da ist Zukunft". Und die Verantwortung „vor Gott und den Menschen", im Grundgesetz verewigt, ließ der Heilige Vater unter der Kuppel des Reichstages mitschwingen. Die Heilige Messe unter freiem Himmel wird nicht ohne heilende Wirkung auf das Miteinander bleiben.

Dem preußischen Dichter Heinrich von Kleist ist zu seinem 200. Todestag am 21. November ein ganzes „Kleist-Jahr" gewidmet. Am Maxim-Gorki-Theater werden die Kleistschen Dramen und im Ephraim-Palais Kleists Leben verfremdet. Ein Glanzpunkt der Ausstellung des Stadtmuseums ist jedoch das Angebot für Schüler, in einer Schreibwerkstatt die eigene Handschrift auszubilden und die Briefkultur der Kleistzeit kennenzulernen. Die Grabstätte des Dichters mit der beigestellten Steintafel für seine Begleiterin in den Freitod, Henriette Vogel, wird bis Ende Oktober mit Fördermitteln der Cornelsen Kulturstiftung restauriert: Der Grabstein mit Namen, Geburts- und Sterbedatum in der Bismarckstraße am Hang zum Kleinen Wannsee soll neu beschriftet werden. Bis jetzt steht auf dem Stein das Dramenzitat „Nun, O Unsterblichkeit, Bist Du Ganz Mein". Das ist der Ausruf des Prinzen von Homburg vor seiner angekündigten Hinrichtung. Das Todesurteil wegen eigenmächtiger Schlachtenführung nimmt der Kurfürst aber zurück und ehrt den Sieger in der Schlacht bei Fehrbellin von 1675. Die erste Inschrift der Grabstätte Heinrich von Kleists war bis 1941: „Er lebte, sang und litt / in trüber schwerer Zeit / er suchte hier den Tod / und fand Unsterblichkeit – Matth. 6 V. 12".

Vom Kleistgrab ist es in südlicher Richtung nicht weit bis Kohlhasenbrück. Mit seiner Novelle „Michael Kohlhaas" setzte Kleist dem Zehlendorfer Ortsteil ein Denkmal. Nach einer alten Sage versenkte dort an der Brücke über die Bäke (heute Teltowkanal) der Berliner Kaufmann Hans Kohlhase einen zuvor erbeuteten Silberschatz. Kleist gestaltet die Figur des Rosshändlers Michael Kohlhaas in der gleichnamigen Erzählung als außerordentlichen Mann und „Muster eines guten Staatsbürgers", bis ihm durch einen Gutsherrn Unrecht widerfahren war und er gerichtlich nicht Recht bekam. Der gewaltsame Rächer und Selbstrichter endet mit dem Tod auf dem Rad. Heute gibt es keine Spur der Ereignisse von 1540, aber eine der jüngsten deutschen Geschichte. Ein kleines Holzkreuz erinnert an der Straße nach Steinstücken neben der Bushaltestelle „Königsweg" an den dramatischen Fluchtversuch des Soldaten Willi Marzahn am 19. März 1966.

Durch „Michael Kohlhaas" im Deutschunterricht ist der Schauspieler Otto Sander mit Heinrich von Kleist in Berührung gekommen. Das Üben der „Bandwurmsätze" bei Kleist macht ihm Spaß wie Klavierspielen. Das zeigte der Künstler im Lustspiel „Amphitryon" unter der Regie von Klaus Michael Grüber am Berliner Hebbel-Theater 1991. Sander schätzt auch Kleists Aufsatz „Über die allmähliche Verfertigung des Gedankens beim Reden".

Schaut auf diese Stadt – von der Humboldt-Box auf dem Schloßplatz! Dabei fällt der Blick auch auf die ausgegrabenen Fundamente des Berliner Schlosses. Nach den Steinen des 1950 gesprengten Wahrzeichens wurde bereits an vielen Orten in der Stadt gegraben. – „… auch Steine können sprechen" – Darüber können Schüler einen literarischen Text schreiben und zum Schreibwettbewerb „Schöne deutsche Sprache" an die Neue Fruchtbringende Gesellschaft in Köthen (Anhalt) bis zum 31. März 2012 einsenden: schreibwettbewerb@fruchtbringende-gesellschaft.de.

Verstand zeigt sich im klaren Wort

Verstand zeigt sich im klaren Wort. Köthen: Neue Fruchtbringende Gesellschaft 2011 (=Unsere Sprache. Beiträge zur Geschichte und Gegenwart der deutschen Sprache. Schriftenreihe der Neuen Fruchtbringenden Gesellschaft zu Köthen/Anhalt, Band 4: Dem Hoffenden), 62 S., 6,00 Euro

Der Denkspruch dieses Bandes ist fast zweieinhalbtausend Jahre alt. Es ist ein Ausspruch des griechischen Dichters Euripides (etwa 480–406 v. Chr.) in der Tragödie „Orestes". Der Tragödiendichter der Antike lässt den Gott Apollon nach einem Rachemord des Orestes weitere Gewalttaten verhindern. Dieser vom Bühnenhimmel schwebende „Gott aus der Maschine" (Deus ex machina) führt das Drama zu einem guten Ende. Euripides erwägt Menschlichkeit und Erhabenheit in einer Zeit der Kriege und der Gewalt durch Vernunft und Verstand.

Der Sinnspruch „Verstand zeigt sich im klaren Wort" wird dem Anliegen der Neuen Fruchtbringenden Gesellschaft gerecht, wenn wir uns Entstehung und Bedeutung des deutschen Wortes „Verstand" vergegenwärtigen. Die heutige Bedeutung ist: Fähigkeit zu denken und zu urteilen. Das althochdeutsche Wort „firstant" bedeutet Weisheit und das frühneuhochdeutsche Wort „verstant" Verständnis und Verständigung. So bleiben wir auf unsere Weise mit der griechischen Mythologie, einer der Wurzeln unserer europäischen Kultur, verbunden.

Der Band 4 ist getreu dem Aufbau dieser Schriftenreihe der Mitgliedsnummer 4 in dem Gesellschaftsbuch, dem Köthener Erzschrein, gewidmet. Herzog Friedrich von Sachsen-Weimar (1596–1622) erhält als Gründungsmitglied von seinem Onkel und erstem Oberhaupt der Fruchtbringenden Gesellschaft, Fürst Ludwig I. von Anhalt-Köthen, den Gesellschaftsnamen „der Hoffende" und als Wahlspruch „Es soll noch werden" verliehen. Als Sinnbild wird ihm „eine halbreife Kirsche, an dem Baum hangende" zugedacht. Nach seinem Studium in Jena beginnt Herzog Friedrich im Herbst 1617 seine Grand Tour. Diese Bildungsreise der Söhne des europäischen Adels und später des gehobenen Bürgertums führt ihn bis 1619 durch Frankreich, Großbritannien und die Niederlande. Der Hoffende sollte nur 26 Jahre alt werden, denn als Oberst fällt er im Jahr 1622 auf einem Schlachtfeld des Dreißigjährigen Krieges.

Das Recht liegt unterdrückt, die Tugend ist gehemmt,
die Künste sind durch Kot und Unflat überschwemmt,
die alte deutsche Treu hat sich hinweg verloren,
der Fremden Übermut, der ist zu allen Toren
mit ihnen eingerannt, die Sitten sind verheert,
was Gott und uns gebührt, ist alles umgekehrt.

So empfindet Martin Opitz (1597–1639), Mitglied der Fruchtbringenden Gesellschaft seit 1626, den geistigen Zustand der deutschen Kulturnation in seinem „Trostgedicht in Widerwärtigkeit des Kriegs". Ebenso wach verfolgt die Neue Fruchtbringende Gesellschaft sprachliche und kulturelle Verfallserscheinungen. In seiner Rede zur deutschen Sprache beanstandet Hans Joachim Meyer: „Man ersetzt das Eigene durch Fremdes, um sich als ‚modern' zu präsentieren. Das zeigt ja auch die deutsche Sprachgeschichte und ihr Ringen um das richtige Wort, insbesondere, wenn dies verbunden war mit dem Konflikt darüber, ob die deutsche Sprache zu schöpferischen Leistungen auf höherer Ebene überhaupt fähig sei." Meyers Wissenschaftsgebiet ist die englische Sprache und Literatur. Klare Worte richtet er an den Verstand scheinbar „von Blindheit geschlagener Geisteswissenschaftler", „realitätsblinder Germanisten" und eines „irrenden Universitätspräsidenten". Unser Festredner am Tag der deutschen Sprache berichtigt Irrtümer in Bezug auf: die Lingua franca, die akademischen Gradbezeichnungen Bachelor und Master, die deutsche Wissenschaftssprache und die autonome Entwicklung der Sprache. Die Wortwahl und die Kraft der Wortbildung seien die Quellen einer lebendigen Sprache.

Wie reimt doch der Dichter Georg Rudolf Weckherlin (1584–1653), der die zweite Hälfte seines Lebens bis zum Ende in England im hohen Staatsdienst tätig war, in seinem Gedicht „Erklärung":

Ihr mischet Deutsch, Welsch und Latein
(doch keines rein),
euern Verstand nicht zu lang zu verhahlen:
und sagt mit zu witziger Schmach,
daß ich verdörb die deutsche Sprach,
weil ich nicht mag fremde Wort (wie ihr) quälen.

Die „Sprachen in Gesprächen mit dem Kind nicht zu vermischen" – das ist eine Regel des Elternpaares unterschiedlicher Muttersprache, Hermann H. Dieter und Michèle Dieter, bei der zweisprachigen Erziehung ihrer Kinder. Von der Geburt an hört das Geschwisterpaar seine Mutter nur Französisch und seinen Vater nur Deutsch sprechen. Nach ihren Erfahrungen ist es möglich, Kinder von der Geburt an in „eine perfekte aktive und passive Bilingualität" hineinwachsen zu lassen. Das sind Möglichkeiten, sprachlich zu schwimmen statt unterzugehen. Hermann und Michèle Dieter warnen vor der „frühkindlichen Fixierung auf das Englische" auf Kosten aller anderen europäischen Landessprachen. Sie bemängeln die fehlende Unterstützung der echten Zweisprachigkeit der Kinder zweisprachiger Paare in der neuen Rahmenstrategie für Mehrsprachigkeit der Europäischen Union. Die Kritik an der Wirkungslosigkeit und dem geringen Erfolg der Programme für Mehrsprachigkeit in Kindertagesstätten und Schulen erfährt Zustimmung durch Jurij Brankačks Vortrag über Hirnmechanismen des frühkindlichen Spracherwerbs.

Nach neurowissenschaftlichen Erkenntnissen werden die „Weichen für die zukünftige Sprach- und Sprechfähigkeit der Kinder … bereits im ersten Lebensjahr gestellt, und die Intensität der Kommunikation im ersten Lebensjahr bestimmt darüber, wie gut die Kinder später sprechen werden und wie leicht oder wie schwer ihnen das Erlernen von Sprachen fallen wird".

Die frühkindliche Ausbildung des Verstandes, des Denkens, das heißt des Wissens um die Bedeutung der Wörter und Begriffe beginnt bereits in der zweiten Hälfte des 19. Jahrhunderts. Die Sprachförderlehrerin Margund Hinz hat aus ihren schulgeschichtlichen Forschungen die preußischen Kleinkinderschulen als Thema für den Köthener Sprachtag 2010 ausgewählt.

Frühzeitig erkennt der Lehrer Julius Fölsing die Bedeutung dieser Schulen für die „Entwicklung der Sprachkraft": „Die Aussprache der Kinder wird verbessert, sie müssen Wörter und Sätze ordentlich ausdrücken und selbst denken lernen." Johann Friedrich Oberlin im Elsass, Julius Fölsing in Darmstadt und Friedrich Gustav Dinter in Königsberg sind Wegbereiter.

Den Wahlspruch des Hoffenden „Es soll noch werden" verwirklicht die Neue Fruchtbringende Gesellschaft auch mit ihrem jährlichen Schülerschreibwettbewerb „Schöne deutsche Sprache", dessen Beiträge von kindlicher Verstandesbildung künden. Diese ist das Ziel der Vortragenden des 4. Köthener Sprachtages. Doch lesen Sie zuerst die Rede zur deutschen Sprache 2010 von Hans Joachim Meyer. – Verstand zeigt sich im klaren Wort.

Winter 2011

Bericht aus Berlin
Heimweh nach dem Kurfürstendamm

„Ich hab so Heimweh nach dem Kurfürstendamm, ich hab so Sehnsucht nach meinem Berlin!", sang Hildegard Knef (1925–2002), als sie von ihren Auslandsgastspielen zurückkehrte. Das war vor fünfzig Jahren. In diesem Jahr war der 125. Geburtstag des Kurfürstendamms, weil am 5. Mai 1886 die Dampfstraßenbahnlinie vom Bahnhof Zoo nach Halensee eröffnet wurde. Drei Jahre hatten damals der Ausbau und die Verbreiterung der dreieinhalb Kilometer langen Straße auf Anregung des Reichskanzlers, Fürst Otto von Bismarck, gedauert. Die danach entstandene Villenkolonie Grunewald stiftete ihm das überlebensgroße Bronzestandbild am Bismarckplatz nahe dem Kurfürstendamm in der Hubertusallee. Wir erblicken einen nachdenklichen Spaziergänger mit Schlapphut und Stock und seine auf den Hinterbeinen sitzende Dogge. In Wirklichkeit geht die Entstehung der berühmten Straße auf das Jahr 1542 zurück, als das Jagdschloss Grunewald erbaut wurde. Unter Kurfürst Joachim II. (1505–1571) entstand für die kurfürstlichen Reiter ein Verbindungsweg zum Berliner Schloss. Von dort führt der damalige Reiterweg heute über Unter den Linden, Brandenburger Tor, Straße des 17. Juni (Tiergarten), Großer Stern mit Siegessäule, Hofgartenallee, Stülerstraße, Budapester Straße, Kaiser-Wilhelm-Gedächtnis-Kirche, Kurfürstendamm, S-Bahnhof Halensee, Koenigsallee zum Jagdschloss Grunewald.

„Alles was gut war, das kommt mal zurück, wenn darüber auch Zeit vergeht", sang die Knef in der geteilten, entwidmeten deutschen Hauptstadt. Dies bewahrheitet sich angesichts des für Stadtrundfahrten erschließbaren „Reiterweges" zwischen den Schlössern. Die Restaurierung und Instandsetzung des Jagdschlosses mit der Jagdgeschichte der preußischen Herrscher und einer Galerie deutscher und niederländischer Gemälde des 15. bis 19. Jahrhunderts wird mit Parkplatz und Waldweg im Dezember abgeschlossen. Begonnen hat der Wiederaufbau des Berliner Schlosses, denn in der Bauhütte Spandau meißelt ein Heer von Steinbildhauern die originalen Fassadenelemente. Im Mai war die umfassende Renovierung der Siegessäule und der Göttin Viktoria beendet. Am 2. September 1873 hatte Kaiser Wilhelm I. sie eingeweiht. Am 1. September 1895 wurde die neoromanische Kaiser-Wilhelm-Gedächtnis-Kirche eingeweiht als ehrendes Denkmal für Kaiser Wilhelm I. – Bomben zerstörten sie im November 1943. An einen Wiederaufbau ist nicht zu denken. Geblieben ist nur noch der Turm, der als Ruine ständig mit Spenden baulich erhalten wird. Dafür feiert man 50 Jahre Egon-Eiermann-Bau. Zu den Feierlichkeiten gehörte ein Volksfest „Bei uns um die Gedächtniskirche rum" mit Erbsensuppe, Kuchen und Getränken sowie ein Sonderpostamt im Turm.

„Ich hab so Heimweh nach dem Kurfürstendamm, Berliner Tempo, Betrieb und Tamtam!" 125 der Kastenvitrinen im Bauhausstil bildeten bis Oktober eine Ausstellung zur Geschichte des Kurfürstendamms. Die Vitrinen trennen seit dem Wiederaufbau des zerbombten Kurfürstendamms – nach einer Idee der 1930er Jahre – einen Fußgängerweg an der Straße von einem Ladenweg entlang der Geschäfte. In den wiedererstandenen prächtigen Gründerzeithäusern haben alle namhaften internationalen Modemarken ihre Geschäfte. Gasthäuser und Straßencafés zahlreicher Nationalitäten werben um Gäste. Über die blanken Fassaden der Hochhausbaustellen zum Tauentzien hin gibt es nichts Besucherfreundliches zu berichten. Vom berühmten Caféhaus Kranzler, in dem auch Hildegard Knef auftrat, ist nur ein Rest im oberen Rundbau des Bekleidungskonzerns Gerry Weber übriggeblieben. Gegenüber auf dem Joachimsthaler Platz steht die denkmalgeschützte Verkehrskanzel. Sie diente nach ihrer Stilllegung 1962 zur Beobachtung der Demonstrationen der 68er Bewegung. Die auch heute beliebte Proteststrecke genießen wir auf einem Spaziergang von dort in Richtung Halensee nach einem Blick in den Alt Berliner Biersalon. Der hundertjährige einstige „Spezialausschank für Berliner Lagerbier" hatte seine Blütezeit in den 1960er Jahren, als Theaterbesucher und Schauspieler einkehrten. Auch Inge Meysel (1910–2004) trank hier oft eine Molle. Den „letzten Schrei" der Filmtheater erleben Sie dann in der „Astor Film Lounge" – ein Haus mit einer langen „Kinogeschichte". Zu empfehlen ist dann der beste Kudammblick von der Terrasse des Reinhard's im Kempinski. Ein zweites Kino, das „Cinema Paris" im Haus der französischen Kultur, schließt sich an. Das Maison de France zeigt bis Ende Januar 2012 eine Ausstellung des Pariser bildenden Künstlers Richard Tronson. Schritte entfernt empfangen uns Theater und Komödie am Kurfürstendamm, geleitet von Martin Woelffler in der dritten Generation der Familie. Stücke des Berliners Horst Pillau und Schauspieler, wie Judy Winter und Walter Plathe, ziehen noch immer. Wir überqueren die 53 Meter breite Straße, um vor dem Adenauer-platz die letzte Kneipe am Kudamm mit durchgehen-dem 24-Stunden-Betrieb, „Bei Mo", in Augenschein zu nehmen. Hier feiern Sportler und Fußballklubs. An ein geschichtliches Ereignis auf dem Kurfürstendamm erinnert die lebensgroße Konrad-Adenauer-Skulptur auf dem Adenauerplatz. Im August 1963 begleitete Bundeskanzler Konrad Adenauer den Präsidenten John F. Kennedy bei seinem Berlinbesuch. Die Bron-zestatue von Helga Tiemann zeigt einen entschlossen voranschreitenden Adenauer mit wehendem Mantel und Hut in der Hand. Unser Blick fällt auf das Hand-tuchhaus mit seiner Stahlglasfassade des Architekten Helmut Jahn. Davor kommt eine der prächtigen schmiedeeisernen Kohlebogenleuchten zur Geltung, die auch heute noch den gesamten Boulevard erhellen. Gehen wir nun ein letztes Mal durch die Platanenrei-hen auf die andere Straßenseite zum Lehniner Platz. Hier macht die Schaubühne von sich reden. Ihr Künst-lerischer Leiter, Thomas Ostermeier, führt jedes Jahr ein Shakespearestück auf. Premiere hatte „Maß für Maß" mit dem Wiener Burgschauspieler Gert Voss. Die letzte Kulturoase vor dem S-Bahnhof Halensee ist der Henriettenplatz, gewidmet der Kurfürstin Luise Henriette. Das Kurfürstenehepaar Luise Henriette (1627–1667) und Friedrich Wilhelm von Brandenburg (1620–1688), der Große Kurfürst, ist auf Reliefs des dreiseitigen Gedenksteins zu bewundern. Rätselnd stehen die Betrachter vor dem Medusenhaupt-Brun-nen des französischen Künstlerehepaares Anne und Patrick Poirier. Medusa, die schöne Tochter griechi-scher Meeresgottheiten, wurde von Pallas Athene aus Eifersucht in ein geflügeltes Ungeheuer verwandelt und von Perseus später enthauptet. Dieses Medusenhaupt, das feindliche Krieger zu Stein erstarren ließ, verhalf zum Sieg. Die seltsame Brunnenfigur vor der Tanzschule Traumtänzer schreckt die Tanzlustigen nicht ab. Musik zum Tanzen ist auch das Kudammlied der Hildegard Knef: „Und seh ich auch in Frankfurt, München, Hamburg oder Wien die Leute sich bemühn, Berlin bleibt doch Berlin."

Frühling 2012

Bericht aus Berlin
Herzlich willkommen in Deutschlands Hauptstadt

„Herzlich willkommen in Berlin – der Hauptstadt Deutschlands." Diese Begrüßung des elektronischen Stadtführers www.hamburg-berlin.de passt besonders zum 775-jährigen Stadtjubiläum in diesem Jahr. Seit 1709 unter König Friedrich I. Residenzstadt von Preußen, 1871 zur Reichshauptstadt erhoben, begann 1948 die Spaltung Berlins im Zuge des Konflikts zwischen den Siegermächten des letzten Krieges. Zehn Jahre später beteuerte der Regierende Bürgermeister von Berlin, Willy Brandt, im Haus der Kaufleute: „Berlin ist und bleibt nicht nur die eigentliche Hauptstadt Deutschlands. Berlin war auch, ist und bleibt die Stadt des deutschen Widerstandes." 1991 bedurfte es eines Parlamentsbeschlusses für die Hauptstadt Berlin. Bemerkenswert bleibt und ist die Stimme des sozialdemokratischen Politikers Wolfgang Thierse: „Hauptstadt Berlin – das darf nicht ein bloßes Etikett sein, hinter dem sich nichts Substantielles verbirgt." Heute regt Thierse den vollständigen Umzug der Bundesministerien von Bonn nach Berlin an: „Auf die Dauer ist die Zweiteilung nicht vernünftig." Verteidigungsminister Thomas de Maiziere (CDU) beginnt, den größeren Schwerpunkt seines Ministeriums nach Berlin zu verlegen.

„Berlin, Berlin, wir fliegen auf Berlin!", wirbt die größte Fluggesellschaft Deutschlands für ihre 38 Direktverbindungen ab Berlin. Lufthansa will als besonderes Zeichen ihrer Verbundenheit mit der deutschen

Hauptstadt ein Großraumflugzeug vom Typ Airbus A380 auf den Namen „Berlin" taufen. Es soll am 3. Juni zur Eröffnung vom neuen Flughafen Berlin-Brandenburg „Willy Brandt" starten. Wenn Berlin und Brandenburg schon einen gemeinsamen Flughafen haben, muss auch der Zusammenschluss der beiden Bundesländer nach der Ablehnung 1996 im zweiten Anlauf gelingen! Berlin sollte im 775. Geburtsjahr ausschließlich Aufgaben der Hauptstadt übernehmen. Potsdam könnte dann endlich die Hauptstadt des um Berlin vergrößerten Landes Brandenburg sein. Am 24. November 2011 war Richtfest am Potsdamer Schloss des Architekten Georg Wenzeslaus von Knobelsdorff. Mehr als 10000 Menschen feierten am künftigen Sitz des Landtages. Er hat Platz für die 150 Abgeordneten des ursprünglichen Landes Brandenburg-Preußen. Zwar ist uns das Namensrecht auf Preußen von den Siegermächten abgesprochen, aber wir ehren König Friedrich den Großen zu seinem 300. Geburtstag. „Er war ein aufgeklärter Herrscher und erregte einiges Aufsehen, als er bei seinem Amtsantritt (1740) als Erstes die Folter abschaffte, die Zensur aufhob und Toleranz gegenüber religiösen Minderheiten forderte." So kündigt Deutschlandradio Kultur am Berliner Hans-Rosenthal-Platz seine Kindersendung „Kakadu" über Friedrich II. an. Besuchen Sie das „Brandenburg-Preußen Museum" in Wustrau am Ruppiner See und erfragen Sie vorher telefonisch unter der Nummer 033925 70798 eine Führung durch den Museumsgründer Ehrhardt Bödecker.

Das „Grimm-Jahr 2012" begann das Berliner Goethe-Institut mit einer Ausstellung: Vor 200 Jahren erschien die Erstausgabe der „Kinder- und Hausmärchen" der Brüder Grimm in Berlin. Und wer holte 1840 die seit drei Jahren anstellungslosen Jacob und Wilhelm Grimm aus Kassel nach Berlin? Der preußische König Friedrich Wilhelm IV. ermöglichte ihnen rund zwanzig Jahre lang Forschungen über Sprache, Sprachgeschichte, Mythen, Sagen und Märchen. Die Staatsbibliothek zu Berlin betreut den wissenschaftlichen Nachlass, und die Universitätsbibliothek der Humboldt-Universität zu Berlin beherbergt die persönliche Bibliothek der Grimms. Die neue Universitätsbibliothek heißt „Jacob-und-Wilhelm-Grimm-Zentrum". Im Geiste der Grimms fragt der Berliner Journalist Gunnar Schupelius in seiner BZ-Kolumne „Der gerechte Zorn": „Warum bringt man Berliner Erstklässlern keine richtige Rechtschreibung mehr bei?" „Warum werden Lernmethoden über Bord geworfen, die jahrhundertelang erfolgreich waren?" Ein Muster an Genauigkeit im Umgang mit der deutschen Sprache ist die inzwischen 88 Jahre alte Berliner Schauspielerin Inge Keller. Seit 1950 genießen die Besucher des Deutschen Theaters ihre klangvolle Sprache, wie in Johann Wolfgang von Goethes „Iphigenie auf Tauris" oder als Elisabeth in William Shakespeares „Richard III.". Bei der Lesung Heinrich von Kleists Erzählung „Die Marquise von O…" im vorigen Herbst war der bekannte Berliner Theaterkritiker Christoph Funke tief beeindruckt: „Inge Kellers weittragende Stimme bringt die meisterlich konstruierten Sätze Kleists in ruhig dunkler Tonfärbung zur Ruhe … Die Schauspielerin trägt die Novelle nicht nur vor, sie lebt in ihr …"

Hörte man doch mehr auf herausragende Berliner, wie den Stadtplaner Florian Mausbach: „Der Flughafen

Tempelhof, dieses in der Welt einzigartige Denkmalensemble, geht seiner Zerstörung entgegen." Deutschland hat die wichtigsten Kulturvorhaben in seiner 775 Jahre alten Hauptstadt: Berliner Schloss – Humboldt-Forum, Deutsche Staatsoper Unter den Linden und Denkmal Zentralflughafen Tempelhof. Berlin wird in aller Welt geliebt. Der in Wien geborene Schriftsteller Horst Pillau, seit dem zweiten Lebensjahr Berliner, überschreibt seine neuesten Berliner Geschichten: „Luft gibt´s überall – aber atmen kannste nur hier".

Zwei wuchtige raumgreifende Stahlskulpturen mit dem Namen „Berlin" versinnbildlichen heute Geschichtliches. Auf dem Mittelstreifen der Tauentzienstraße ragen verschlungene Röhren empor, die sich an den Enden nicht berühren können. Brigitte und Martin Matschinsky-Denninghoff stellten sie zur 750-Jahr-Feier 1987 auf. Die andere tonnenschwere Plastik im umzäunten Bundeskanzleramt schuf der spanische Eisenbildhauer Eduardo Chillida: Die waagerechten Stahlelemente mit ihren aufgesplitterten Blöcken auf zwei vierkantigen Pfeilern verzahnen sich nur scheinbar. Ein Gesamtkunstwerk der Hauptstadt bildet aus der Sicht des Schlossarchitekten Francesco Stella das Lindenforum mit dem Berliner Schloss und der Museumsinsel, das die offene Wunde in der Mitte des Stadtraums schließt. Herzlich willkommen in Berlin – der Hauptstadt Deutschlands!

Sommer 2012

Bericht aus Berlin
„Die Sprache der Bundesrepublik ist Deutsch."

„Die Sprache der Bundesrepublik ist Deutsch." Um diesen Satz wollen der Verein für deutsche Kulturbeziehungen im Ausland (VDA) und der Verein Deutsche Sprache (VDS) den Artikel 22 des Grundgesetzes ergänzen. Dazu reichten sie bereits am 20. Januar 2011 eine elektronische Petition beim Deutschen Bundestag ein, die 5165 Bürger mitgezeichnet hatten. Hinzu kommen mehr als 75000 Unterschriften und mehrere Einzelpetitionen, welche die Grundgesetzergänzung unterstützen.

Am 7. November 2011 gab es dann eine Anhörung und am 25. April 2012 verabschiedete der Bundestag die Petition. Allerdings endete sie wie die Petitionen in der vorangegangenen Legislaturperiode, die dasselbe gefordert hatten: Der Bundestag überweist die Petition dem Bundesministerium des Innern und dem Bundeskanzleramt als Material und gibt sie den Fraktionen zur Kenntnis; mehr nicht.

Doch ist Eile geboten, der deutschen Sprache Verfassungsrang zu geben. Bedroht sind inzwischen nicht nur die deutsche Sprache, sondern auch die Deutschsprechenden. Berliner und Besucher der deutschen Hauptstadt werden von einigen Kellnern und Verkäufern wie selbstverständlich und ausschließlich auf Englisch angesprochen, schreibt der Berliner „Tagesspiegel". In Prenzlauer Berg, Mitte und Kreuzberg gibt es Lokale, Modegeschäfte und Läden, in denen das Personal kein Deutsch spricht, kein Deutsch sprechen will und möglicherweise kein Deutsch sprechen kann.

Wenn die deutsche Sprache im Grundgesetz verankert ist, dann müssten Bildung und Wissenschaft endlich wieder Wert auf die Muttersprache legen. 1364 Kinder ohne Deutschkenntnisse sitzen in oft überbelegten Berliner Grundschulklassen. Auf Schulhöfen wird mitunter gar nicht mehr Deutsch gesprochen. Eine Folge ist Deutschenfeindlichkeit. Dazu hielt sogar die Berliner Gewerkschaft Erziehung und Wissenschaft (GEW) eine Tagung mit Pädagogen im Stadtbezirk Neukölln ab. Auch in der Freien Universität Berlin gerät Deutsch immer mehr ins Hintertreffen. Für die Zulassung zu 16 Studiengängen in englischer Sprache „sind Kenntnisse der deutschen Sprache nicht erforderlich". „Einerseits verachtet die Wissenschaft geradezu unsere Sprache, andererseits redet die Politik ständig von der Notwendigkeit, Deutsch zu lernen", kritisierte Bundestagsvizepräsident Wolfgang Thierse auf der Tagung „Deutsch in der Wissenschaft" in Tutzing im Januar 2011.

Nur zaghaft regen sich Stimmen im Deutschen Bundestag für eine Änderung des Grundgesetzes. Ein leidenschaftlicher Befürworter ist Bundestagspräsident Norbert Lammert, der sagt: „Wenn die Politik mitverantwortlich sein will für die Förderung der Sprache des Landes, muss sie das im Grundgesetz klarstellen." Dies erklärte er während der Tutzinger Tagung mit Verweis auf Deutsch als Landessprache im Bundes-Verfassungsgesetz der Republik Österreich und in der Bundesverfassung der Schweizerischen Eidgenossenschaft. Im Deutschen Bundestag würden 415 Stimmen für die erforderliche Zwei-Drittel-Mehrheit für eine Grundgesetzänderung gebraucht. Die Bemühungen des CDU-Bundestagsabgeordneten und VDA-Vorsitzenden Hartmut Koschyk um einen fraktionsübergreifenden Antrag sind ohne Erfolg geblieben.

Wenn die Berliner Herbert-Hoover-Realschule 2006 den Deutschen Nationalpreis dafür verliehen bekam, dass sie sich, beispielgebend für Schulen in ganz Deutschland, auf die gemeinsame Sprache Deutsch geeinigt hat, ist es an der Zeit, endlich die deutsche Sprache im Grundgesetz zu verankern.

Bundespräsident Joachim Gauck müsste das Bundesgesetz zur Änderung des Grundgesetzes unterzeichnen. Die Leser der „Deutschen Sprachwelt" wählten Gauck bei der Wahl der „Sprachwahrer des Jahres 2010" auf den zweiten Platz. Als sprachgewandter Redner weckt er die verschwundene Liebe zur Muttersprache. Sein Satz „Es ist unser Land, in dem wir Verantwortung übernehmen" in der Rede nach seiner Wahl im März dieses Jahres weist auch auf die Verantwortung für unsere Muttersprache. Sollte der Petitionsausschuss in seiner Zurückhaltung und Mutlosigkeit verharren, heißt der Aufruf aus Berlin „Rettet die deutsche Sprache!", denn die Sprache der Bundesrepublik ist Deutsch.

Wo die Bücher der Schreibmeister warten
Rundgang im Deutschen Buch- und
Schriftmuseum in Leipzig

Mit der Deutschen Nationalbibliothek (DNB) in Leipzig und Frankfurt am Main hat die deutsche Sprache ein Zentrum, das Kulturgut bewahrt. Zur DNB in Leipzig gehört das Deutsche Buch- und Schriftmuseum. Das 1884 gegründete Museum befindet sich heute im Erweiterungsbau, der im Mai 2011 eröffnet wurde. Er liegt wie ein Buch neben dem geschwungenen alten Hauptgebäude am Deutschen Platz unweit vom Leipziger Völkerschlachtdenkmal. In diesem Neubau hat im März für das Museum ein neuer Zeitabschnitt begonnen. Klimatisierte Depots beherbergen die mehr als eine Million Objekte der Sammlungen aus fünftausend Jahren Geschichte der Schrift.

Eine Auswahl ist in der neuen Dauerausstellung „Zeichen – Bücher – Netze: Von der Keilschrift zum Binärcode" zu sehen. Gleich am Eingang hinter der hohen Glasfassade bieten die ersten Vitrinen Einblicke in „Laute, Zeichen, Schriften", „Handschriftenkultur" und „Schriftsprachen". Wir folgen den verständlichen Texttafeln. Viele Kulturen nutzten neben Bildern und Symbolen auch Gegenstände als Bedeutungsträger, um nicht allein auf die Sprache und das Gedächtnis angewiesen zu sein. Ausgestellt ist eine Erinnerungskette für Erzähler aus dem Kongo. Mit jeder der 80 daumengroßen Figuren verband der Redner während des Vortrags Geschichten und Ereignisse.

Die Buchstaben des Alphabets haben im Gegensatz zu Keilschrift und Hieroglyphen keine Bildbedeutung.

Der Erfolg des Alphabets beruht auf der geringen Zahl der Zeichen. Sie geben die kleinsten Lauteinheiten der Sprache wieder. Ein erstes Alphabet mit 22 Konsonanten war vermutlich um 1250 v. Chr. bei den Phöniziern in Gebrauch. Es wurde zur Grundlage der heutigen Alphabete. Um 800 v. Chr. übernahmen die Griechen diese Schrift und ergänzten die Vokale. Über die Etrusker kam das Alphabet zu den Römern. Sie passten es ihrer Sprache an und vollendeten die aus Strich und Kreis geformte lateinische Großbuchstabenschrift. Schreiben wurde bei Griechen und Römern in der Schule gelehrt und als Handwerk verstanden. Ausgestellt sind Inschriften in Griechisch und Latein auf Grabsteinen und Gebrauchsgegenständen.

„Vier Schätze des Gelehrtenzimmers" aus dem China des 10. Jahrhunderts – Pinsel, Tusche, Reibstein und Papier – weisen auf die älteste Schrift der Welt hin. Die feste Tusche wurde auf dem Stein zu Pulver zerrieben und mit Wasser zu Schreibflüssigkeit vermischt. Die chinesische Schrift ist seit etwa 3000 Jahren in Gebrauch. Ihre Zeichen setzen sich aus Strichgruppen zusammen. Die Wörter bestehen meist nur aus einer Silbe. Im 3. Jahrhundert wurden die unterschiedlichen Schreibweisen für ein und dasselbe Zeichen vereinheitlicht. 1956 erst folgte eine Schriftreform. Die Anzahl von 80000 Zeichen wurde reduziert. 3000 bis 5000 Zeichen sind für den heutigen Alltagsgebrauch notwendig.

In der Vitrine „Handschriftenkultur" wird das Schreiben als ein handwerklicher Vorgang betrachtet. Die dominante Hand führt das Schreibwerkzeug. Zwischen das Gehirn mit seinen beiden Hälften und die

Hände sind Nervenbahnen geschaltet. Die Augen beaufsichtigen die Handbewegung.

Schreiben ist eine Kulturtechnik, sie ist uns nicht angeboren. Doch die Lernfähigkeit ist uns in die Wiege gelegt. So können wir uns das Schreiben mühsam und geduldig aneignen. Die Beherrschung der Schreibgeräte ist zugleich ein intensives Einüben feinmotorischer Fertigkeiten, die wir in unserer Lebenswelt auch in vielen anderen Zusammenhängen benötigen.

Neben Schiefertafeln und Griffeln wurden auch Bleistifte gefertigt. Joseph Hardtmuth gelang die Herstellung von Bleistiftminen aus Ton und Graphit. Er gründete 1790 eine Bleistiftfabrik in Wien. Nach seinem Tod übernahmen die Söhne Ludwig und Carl das Unternehmen, das 1848 ins böhmische Budweis verlegt wurde. Die Firma „Koh-i-Noor Hardtmuth a.s." hat viele Schülergenerationen mit Schreibmaterialien versorgt und einen wesentlichen Beitrag zur Alphabetisierung geleistet.

Eines der ältesten handschriftlichen Zeugnisse ist der Brief. Er ist langlebiger als ein Notizzettel und vergänglicher als eine Urkunde. Er ist zum Transport bestimmt, weshalb er leicht und klein sein muss. Die Bezeichnung Brief kommt vom lateinischen Wort „brevis", das „kurz" heißt.

Seit dem 18. Jahrhundert wird Lesen und Schreiben parallel mit Wandtafeln, ABC-Büchern und Fibeln gelehrt. Zu sehen sind „Ein verbessertes ABC- und Lesebuch nach Pestalozzi´s und Stephani´s Lehrmethode" von 1825 und „Das grosse Nürnberg´sche

ABC für Kinder" von 1805. Heute sind 7,5 Millionen Deutsche funktionale Analphabeten. Sie können nicht richtig lesen und schreiben. Wie sich Analphabeten in einer Gesellschaft fühlen, die den Großteil der Informationen in Schrift weitergibt, zeigen vier Bilder aus der Serie „Lies doch mal" von Katrin Lingen, die das Museum in diesem Jahr für die Ausstellung erwarb. Der Betrachter wird durch die Verschlüsselung der Buchstaben auf Wegweisern und Gebrauchsgegenständen selbst zum Analphabeten. Von den Bildern der Katrin Lingen schweift der Blick zum Museumskabinett, wo Kinder etwas über Schrift, Buch und Papier lernen können. Themen sind beispielsweise „Die Kunst des schönen Schreibens", „ABC der Schriftgestaltung" und „Schwarz auf weiß".

Eine Treppe höher lädt der helle und freundliche Museumslesesaal ein. Hier werden die Materialien aus den verschiedenen Sammlungen für Forschung, Studium und Praxis bereitgestellt: Buchsammlungen, Sammlung zur Buchgeschichte, Papierhistorische, Grafische, Kulturhistorische Sammlung, Bildarchiv, Nachlässe und Vorlässe von Wissenschaftlern, Buchgestaltern und Schriftkünstlern. Bestellen kann man über den Katalog der Deutschen Nationalbibliothek www.dnb.de. Einen Schnelleinstieg ermöglicht die Freihandbibliothek. Das Museum verfügt über eine Fachbibliothek mit 80000 Bänden und 200 laufenden Zeitschriften zur Schrift-, Buch- und Papiergeschichtsforschung.

Den Grundstock für die Buchsammlungen des Museums legte der sächsische Staat 1886 mit dem Ankauf der dreitausend historischen Drucke des Dresdener

Schneiders und Verlegers Heinrich Klemm. Die während des Zweiten Weltkrieges ausgelagerten wertvollsten Stücke der Klemm-Sammlung – Handschriften, Inkunabeln, darunter eine 42-zeilige Gutenbergbibel und eine wertvolle Bucheinband- und Zeugdrucksammlung – beschlagnahmte die sowjetische Besatzungsmacht im September 1945. Sie liegen seitdem in der Russischen Staatsbibliothek in Moskau und warten auf ihre Rückkehr.

Aus den Druckwerken des 15. bis 19. Jahrhunderts verdienen heute – angesichts der angestrebten Abschaffung der Schreibschrift – die Schreibmeisterbücher unsere besondere Aufmerksamkeit. Vielleicht brauchen wir wieder Lehrer der Schreibkunst, die private Schulen im öffentlichen Auftrag betreiben. Der berühmte Nürnberger Schreibmeister Johann Neudörffer der Ältere brachte mit seinem „Fundament" 1519 das erste deutsche Schreibbuch heraus. Im zugänglichen „Tresor" des Museums liegen das Original des Neudörfferschen Schreibmeisterbuches „Urschrift des Schreibmeisters" von 1538 und ein Schreibmeisterbuch seines Schülers Wolfgang Fugger „Vom richtigen Gebrauch der Schreibfeder" aus dem Jahr 1553.

Mit diesen Schätzen sei an die Hüter der Kulturtechniken erinnert, die in mehr als 125 Jahren Museumsgeschichte diesen sicheren Hort der deutschen Sprache entstehen ließen. Die Gründung des Deutschen Buch- und Schriftmuseums ging von dem aus Dänemark stammenden Buchdrucker Carl Berend Lorck aus. Wagemutige Verlage, allen voran Eugen Diederichs und Insel, betrauten Künstler wie Walter Tiemann, Rudolf Koch und Hugo Steiner-Prag mit Buchausstattung und Schriftentwurf. Hugo Steiner-Prag, Grafiker, Buchillustrator, Kunstakademielehrer und Präsident der nationalen und internationalen Buchausstellungen „BUGRA 1914" und „IBA 1927", sorgte durch die kostenlose Übernahme aller ausgestellten Bücher für ein schnelles Anwachsen der Buchbestände des Museums.

In den 1930er und 1940er Jahren förderte Direktor Hans-Heinrich Bockwitz die papierhistorische Forschung. Die Papierhistorischen Sammlungen unter Frieder Schmidt verfügen über eine halbe Million Wasserzeichenblätter. Gegenwärtig nimmt bei Hannelore Schneiderheinze die Dokumentation der Schriftentwicklung und des Schreibens als einer der ältesten Kulturtechniken im Aufgabengebiet des Deutschen Buch- und Schriftmuseums einen wichtigen Platz ein. Das Museum verfügt über Bestände, die den langen Weg von den differenzierten Schreibvorlagen und Anweisungen der Schreibmeister des 16. bis 19. Jahrhunderts bis zur Entwicklung verbindlicher Ausgangsschriften und ihren Einsatz in der heutigen Zeit belegen.

Eine Schreibmeisterin unserer Tage ist die in Dresden lebende und wirkende Schriftkünstlerin Renate Tost. Sie entwickelte 1968 die Schulausgangsschrift, die bis heute in den Bundesländern Berlin, Hamburg, Sachsen, Sachsen-Anhalt und Saarland verbindlich vorgeschrieben ist und in Brandenburg, Mecklenburg-Vorpommern und Thüringen neben der Lateinischen Ausgangsschrift und der Vereinfachten Ausgangsschrift von Heinrich Grünewald zur Auswahl steht.

Dokumentiert sind die wichtigsten Arbeitsschritte zur Entwicklung der Schulausgangsschrift. In der Zeitschrift „Typografie" schreibt Renate Tost 1970: „Die Handschrift gibt uns etwas von dem wieder, was speziell nur der betreffenden Person eigen ist, ähnlich wie der Gang, die Mimik und Gestik, die Sprechweise und dergleichen mehr. Sie ist in ihrer Gesamtheit unnachahmlich. Die Unterschrift als persönlich gestaltetes Zeichen wird auch künftig durch keine andere Form zu ersetzen sein." Die Entwicklung des Schreibens über Jahrtausende bis zu unserer heutigen Schreibschrift erleben wir im Deutschen Buch- und Schriftmuseum. Das ist ein lebendiger Beleg für den berechtigten Aufruf „Rettet die Schreibschrift" der „Deutschen Sprachwelt".

Das „Deutsche Buch- und Schriftmuseum" ist von Dienstag bis Sonntag von 10 bis 18 Uhr (Donnerstag bis 20 Uhr) geöffnet. Unter dem Motto „Museum zum Mitmachen" lädt es Schulen, Sprachfreunde, Neugierige und Familien zu einem umfangreichen Programm ein. Öffentliche Sonntagsführungen für Familien gibt es an jedem dritten Sonntag im Monat.

Anschrift: Deutsches Buch- und Schriftmuseum, Deutscher Platz 1, 04103 Leipzig. Der Eintritt ist kostenlos!

Herbst 2012

Bericht aus Berlin
Die Sprache hält Deutschland zusammen

„Die gemeinsame Sprache hält Deutschland zusammen", bekennt der Berliner Journalist und langjährige Intendant des Deutschlandradios, Ernst Elitz, in dem jüngst erschienenen Buch „Wir sind Heimat".

Die Deutsche Nationalstiftung verlieh am 20. Juni in der Französischen Friedrichstadtkirche in Berlin den Deutschen Nationalpreis 2012 für „Canto Elementar". Hinter dem lateinischen Namen verbirgt sich ein Singprogramm zur Wiederentdeckung der deutschen Volkslieder. Ehrenamtliche, fachkundig angeleitete „Singpaten" singen mit Kindern in Kindergärten. Sebastian Krumbiegel von der deutsch singenden Gruppe „Die Prinzen" umrahmte mit einem Kinderchor die Preisverleihung und die Lobrede des Bundestagspräsidenten Norbert Lammert.

Zur Wiederentdeckung des sprachgewaltigen Dichters Jean Paul trugen im selben Monat die Schriftsteller Reinhard Jirgl und Ingo Schulze mit ihren kurzweiligen Lesungen bei. Eine der Förderinnen des Jean-Paul-Abends in der Berlin-Brandenburgischen Akademie der Wissenschaften ist die Stiftung mit dem seltsamen Namen Preußische Seehandlung. Das ist der ursprüngliche Name der von Friedrich dem Großen gegründeten Preußischen Staatsbank. Diese Berliner Stiftung entstand im Zuge der Auflösung des Staates Preußen.

Gedenktafeln aus Porzellan schmücken fast 380 Berliner Gebäude. Die Königliche Porzellanmanufaktur (KPM) stellt sie seit 25 Jahren im Rahmen des „Berliner Gedenktafel-Programms" her, gestaltet vom Grafikdesigner Wieland Schütz und gefördert von der Berliner Sparkasse, nun seit fünf Jahren von der GA-SAG Berliner Gaswerke AG. Nur die Güte der Texte ist ähnlich denen der elektronischen Freien Enzyklopädie sehr unterschiedlich. Gefällig wirkt die Würdigung der Brüder Jacob und Wilhelm Grimm in der Linkstraße 7 als „Vorkämpfer für eine geeinte Nation" und „Begründer der modernen Germanistik".

Die heutigen Germanisten wünschte man sich als Vorkämpfer für den Erhalt unserer deutschen Sprache. Da ginge es um die Begründung für einen historischen Straßennamen. Der umstrittene Name „Mohrenstraße" im Berliner Stadtteil Mitte bezieht sich auf Afrikaner, die im 18. Jahrhundert im preußischen Heer als Militärmusiker dienten und dort in einer eigenen Kaserne wohnten. Vermutlich verwendete der Schokoladenhersteller Sarotti einen Mohren als Markenzeichen, weil sein Stammsitz in der Mohrenstraße lag. 2004 verwandelte der belgische Besitzer den Mohr in einen „Sarotti-Magier der Sinne" mit goldener Hautfarbe. Der „weiße Neger" des deutschen Fernsehens ist tot, meldete „stern.de", als der vielberedete Schauspieler Günther Kaufmann im Mai in Berlin auf offener Straße zusammenbrach. „Der weiße Neger vom Hasenbergl" (Stadtteil in München), so heißt seine Autobiografie. Neben der Hautfarbe spielt bei Berliner Straßennamen neuerdings auch das Geschlecht eine Rolle. Das Bezirksamt Mitte fasste einen aberwitzigen Beschluss, wonach erst dann wieder eine Straße nach einem Mann benannt werden darf, wenn es in Berlin-Mitte genauso viele Frauen- wie Männerstraßennamen gibt; also keine Straße für den Maurergesellen Peter Fechter. Er verblutete vor 50 Jahren ohne Hilfeleistung angeschossen an der Mauer in der Zimmerstraße. Bei dieser politischen Gleichgültigkeit platzte dem Berliner Ernst Elitz in der Berliner Morgenpost der Kragen: „Aber diese Geschichtskapitel gehören zum Kern der Berliner Identität … wachzuhalten nicht nur im Schulunterricht, auch im Stadtbild."

Sprachpolitische Gleichgültigkeit lassen sich die Berliner Bürger nicht nachsagen. Sinn für den Reichtum der deutschen Sprache zeigen Geschäftsleute bei Ladennamen, wie „Stilbruch" – Geschäft für Antiquitäten und Schmuck in Charlottenburg, „Marienkäfer" – Spielzeugladen in Zehlendorf und „Frauenschuh" – Schuhgeschäft in Lichterfelde. Der Verein Deutsche Sprache (VDS) verstärkt seine Aktion „Berliner Sprachlibelle". In Geschäften, die Anglizismen möglichst vermeiden wollen, hängt eine Urkunde „Berliner Sprachlibelle". Sie ist eine kunstvolle Grafik mit dem bunten, feingliedrigen Tierchen, das über dem Schriftblock mit der Aufschrift „…nur gutes Deutsch gefällt" pendelt.

Nur gute Schreibschrift gefällt der Buchhändlerin Christiane Fritsch-Weith aus Berlin-Schöneberg. Sie ruft dazu auf, Handgeschriebenes in Schreibschrift ihr zuzusenden. Eine „Galerie der schönsten Schriften" will sie im Schaufenster und auf ihrer Netzseite www.buchladen-bayerischer-platz.de ausstellen.

Auch Wahlberliner mit ausländischen Wurzeln bekunden tatkräftig ihre Liebe zur deutschen Sprache. In seinem 1993 in Berlin gegründeten Eurasia-Institut (www.eurasia-institute.com) bereitet ein Brite Studenten aus mehr als 30 Ländern auf ein Studium in Deutschland vor. Ein Kurs „Deutsche Literatur" richtet sich vornehmlich an ausländische Schülergruppen mit Mittelstufenkenntnissen in Deutsch, die sich neben der deutschen Sprache besonders für die deutsche Literatur interessieren. Themenbereiche aus der deutschen Literaturgeschichte sind: Aufklärung, Sturm und Drang und Spätbürgerliche Literatur. Verbunden sind die Kurse mit einer literarischen Spurensuche in Berlin. Zwei Berliner Schwestern gründeten 2011 „Binooki", einen Verlag für aktuelle türkische Literatur in deutscher Sprache. Mit dem Binooki-Verlag verbinden die Schwestern ihren türkischen Ursprung mit ihrer deutschen Heimat.

„Die Sprache hat Deutschland vereint, und sie verbindet uns mit allen, die unsere Sprache lernen, um bei uns heimisch zu werden." (Ernst Elitz)

„Dilettantisches Herumbasteln an der Schrift"
Gespräch mit Renate Tost

Die Grafikerin Renate Tost erarbeitete in den 1960er Jahren gemeinsam mit der Diplompädagogin Elisabeth Kaestner die Grundlagen für die „Schulausgangsschrift" (SAS). Diese Schreibschrift wurde 1968 in den allgemeinbildenden polytechnischen Oberschulen der DDR eingeführt. Die SAS wird heute in acht Bundesländern unterrichtet. Der Grundschulverband plant jedoch, die Schreibschrift durch eine Druckschrift zu ersetzen, „Grundschrift" genannt.

Was halten Sie von der sogenannten Grundschrift?

Renate Tost: Die Grundschrift ist ein untauglicher Versuch, die Probleme zu lösen, die sich in den zurückliegenden Jahrzehnten auf dem Gebiet des herkömmlichen Schreibunterrichts angestaut haben. Die Argumentation der Grundschriftanhänger macht auf mich den Eindruck von populistischem Aktionismus, der einer Flucht aus dem Felde gleicht. Statt sich die Spezifik der Schreibschrift für die Fachdidaktik zu erschließen und geeignete Schlussfolgerungen für effektive Handlungsbedingungen im Unterricht abzuleiten, wird dilettantisch an der Schrift herumgebastelt. Darüber hinaus scheinen sich die Autoren mit der Fachliteratur unter anderem zu psychologischen Problemen des Fertigkeitserwerbs nur ungenügend auseinandergesetzt zu haben. Wie anders sonst soll man sich die illusionären Erwartungen erklären, dass nun mit der Grundschrift alles leichter würde? Es fällt schwer zu glauben, dass hier Profis zugange sein sollen.

Worin sehen Sie die illusionären Erwartungen?

Renate Tost: Unter dem Vorwand, das Kind dort ab-
zuholen, wo es sich beim Eintritt in die Schule befindet, wird als Orientierung ein schäbiges Alphabet
angeboten. Damit lässt man es dann schon bewenden.
Durch eine solche Vorgehensweise werden die Schüler auf ihrem Anfangsniveau festgenagelt. Kein An-
satz in Richtung „Zone der nächsten Entwicklung"
(Lew Wygotsky), keine Angebote für grafomotorische
Perspektiven, die einem ästhetischen Mindestanspruch
gerecht werden. Wer soll zum Beispiel der deformierten Schrift zur vielversprochenen Formklarheit verhel-
fen: der Lehrer, der Schüler? Wo soll der Schwung
herkommen, wenn die Buchstaben im Stop-and-Go-
Verfahren nebeneinandergestellt oder zusammengelö-
tet werden?

Eine effektive Nutzung des alphabetischen Schriftsys-
tems hat zur Voraussetzung, dass nicht nur einzelne
Laute kodiert werden. Damit das Dechiffrieren der
Schrift über ein Buchstabieren hinauskommt, ist unter
anderem die Berücksichtigung wahrnehmungspsycho-
logischer Gesetzmäßigkeiten und Sehgewohnheiten
notwendig. Deshalb ist das Ausformen der unterscheidenden Merkmale der Buchstaben untrennbar
mit einem visuellen Ordnen verbunden. Um aus den
vielen Figuren überschaubare Gestalten (Wortbilder,
Zeilen und Blöcke) zu fertigen, reicht es nicht aus, die
unterscheidenden Merkmale der einzelnen Buchstaben
irgendwie auszuformen und die Lautzeichen orthogra-
fischen Regeln folgend additiv nebeneinander zu stellen. Das Ganze ist nicht die Summe der Teile. Es
kommt darauf an, die Figuren der Buchstaben gestal-

terisch aufeinander zu beziehen und sie einem einheitlichen Stilprinzip/Formkanon zu unterwerfen.

Bei der Entwicklung eines Schriftfonts macht das der ausgebildete Schriftdesigner. Beim Schreibenlernen soll die Lösung dieser überaus komplizierten Aufgabe dann an die Schüler delegiert werden. Eine durchgestaltete Vorlage für Schüler wird im Verständnis der Verfechter der Grundschrift als Hindernis für die persönliche Entfaltung abgelehnt.

Doch nicht nur hier äußert sich falsch verstandene Kreativität. Hinzu kommt, dass korrekte Verbindungen zwischen den Buchstaben nicht mehr als VOR-Bild angeboten werden, sondern der Beliebigkeit überlassen bleiben. Die Erfahrungen von Generationen, die sich im flüssigen Schreiben und im Buchstabenverbinden auskannten, werden unterschlagen: Der Schüler soll stattdessen nach eigenem Gutdünken Verbindungen selbst erfinden.

Welcher Zusammenhang besteht zwischen Buchstabenverbinden und flüssigem Schreiben?

Renate Tost: Schreibschriften werden auch als kurrente – hergeleitet von currere = laufen – bezeichnet. Damit wird zum Ausdruck gebracht, dass beim flüssigen Schreiben die Bewegungsimpulse, analog zum Laufen – die einzelnen Schritte, zu einer ganzheitlichen Bewegungsgestalt verschmelzen.

Die Schreibschrift lebt von einer mehr oder weniger rhythmischen Bewegungsausführung. Der Fluss der Bewegung ist durch die Gliederung von Anspannung und Entspannung, einem Auf und Ab der Linienführung in der Zeile gekennzeichnet. Schulanfänger bringen mit der Kritzelbewegung bereits wichtige Voraussetzungen für das Verständnis eines Bewegungszusammenhanges mit. Da ist zu fragen, warum das Kind nicht hier „abgeholt" wird. Ein flüssiger Bewegungsstil resultiert nicht automatisch aus dem additiven Aneinanderreihen staccatoartig abgebremster Einzelbewegungen. Zügiges Laufen ist etwas anderes als schnelles Hüpfen. Verbindungen müssen von Anfang an sorgfältig eingeübt, automatisiert und im Bewegungsgedächtnis gespeichert werden. Nur so können diese automatisch abgerufen werden, wenn es darum geht, die Aufmerksamkeit auf Orthografie und Textproduktion zu lenken. Gelegentlich nutzt der gewandte Schreiber sogar das grafomotorische Gedächtnis, um sich bei Unsicherheit in der Rechtschreibung Klarheit zu verschaffen.

Dass sich der gewandte Schreiber auf der Grundlage einer soliden Ausbildung im konkreten Fall später anders verhält, als es ihm eine durchgestaltete Schreibvorlage vorgibt, steht auf einem ganz anderen Blatt und ist übrigens eine völlig normale Entwicklung. Der geübte Klavierspieler berücksichtigt mit Sicherheit auch nicht mehr genau den Fingersatz, der ihm in den Noten für Anfänger vorgeschrieben wurde. Hier wird deutlich, dass bei den Grundschriftaktivisten hinsichtlich der Funktion von Vorlagen ebenfalls eine auffallende Unwissenheit oder gar Ignoranz vorliegen. In diesem Kontext ließen sich noch viele Ungereimtheiten ausmachen, die diese Versuche mit der Grundschrift charakterisieren.

Wie ist zu erklären, dass ein gestalterischer Dilettan-
tismus die Erfahrungen von Generationen unter-
schlägt?

Renate Tost: Beim Erwerb der Schriftsprache haben
Linguisten und Deutschdidaktiker in zunehmendem
Maße die Ausbildung des manuellen Schreibens in der
Grundschule bestimmt. Der Trend zum „creative wri-
ting" seit den siebziger Jahren mag dabei eine besondere Rolle gespielt haben. Unter diesen und anderen
Voraussetzungen wurde von der Deutschdidaktik in
der Grundschule zunehmend ausgeblendet, dass die
Schrift auch noch einen wichtigen anderen Bezug hat
als den der Bindung an die Sprache. Die gestalterisch-
motorische Auseinandersetzung mit der Schriftform
besitzt ihre eigene Spezifik. Denn Schrift mit der
Hand schreiben ist auch eine angewandte Form des
grafischen Gestaltens. Mit der Qualität der Form werden wesentliche Voraussetzungen für die visuelle
Informationsaufnahme und -verarbeitung geschaffen.
Das werden nicht nur Pädagogen, die handschriftlich
geschriebene Klassenarbeiten zu korrigieren haben,
ohne weiteres bestätigen können. Für die Ausbildung
lesbarer Schriftzüge ist seitens der Lehrer, die dies
unterrichten, Fachkompetenz gefragt. Genauso wie
beim Vermitteln und Üben anderer Aspekte der
Schriftsprache muss er grundlegende gestalterische
Bedingungen für die Lesbarkeit einer Schrift kennen.
Das kann nicht einfach an den Kunsterzieher delegiert
werden. Diese gegenstandsspezifische Kompetenz –
auch in Form von Erfahrungswissen – ist im Verlaufe
vieler Jahrzehnte leider verlorengegangen, eventuell
sogar unwiederbringlich. Die Lehreraus- und Weiter-
bildung auf diesem Gebiet findet, wenn überhaupt,

nur noch sehr unzureichend statt. Nicht nur das hat Fritz Bärmann bereits 1970 festgestellt und kritisiert in: „Schreiberziehung in der Lehrerbildung: Zusammenfassung einer Untersuchung", ein Auftrag der Arbeitsgemeinschaft Schreiberziehung. Meines Wissens ist er einer der letzten großen einflussreichen Pädagogen gewesen, der sich nachdrücklich auch für die Berücksichtigung der ästhetischen Seite der Schrift eingesetzt hat. Gegenwärtig suchen viele Lehrer nach geeigneten Schriftfonts und üben – ob mit oder ohne Kurs – mit diesen umzugehen, um nicht selbst schreiben zu müssen. Eine Ausbildung, die die Grundschullehrer verpflichtet, Schrift mit der Hand schreiben zu lernen, dürfte gegenwärtig die Ausnahme sein. Über solche rein praktischen Fähigkeiten und Fertigkeiten hinaus sollten die Lehrer über grundlegendes Wissen verfügen: hinsichtlich des Formenaufbaus einer Schreibschrift – einschließlich der Bedingungen für die Lesbarkeit – sowie über lernpsychologische Kenntnisse über den Aneignungsprozess motorischer Fertigkeiten. Nur auf dieser Grundlage lassen sich wohlüberlegt und systematisch die einzelnen Schritte zur Aneignung führen.

Welchen Ausweg sehen Sie aus diesem Dilemma?

Renate Tost: Das Schreibenlernen ist ein außerordentlich komplexer Prozess. Dementsprechend vielfältig sind die Disziplinen, deren Vertreter, „konzertiert" zusammenarbeiten müssten, um im Rahmen einer entsprechenden Grundlagenforschung – oder wie immer eine solche Forschung zu benennen wäre – eine Antwort auf die neuen Herausforderungen unserer Zeit zu finden. In diese Zusammenarbeit sollten von Anfang an Schrift- und Kommunikationsdesigner (möglichst mit pädagogischer Erfahrung), bereits in die erste Phase einer entsprechenden Forschungskonzeption einbezogen werden. Letztendlich ist auch zu berücksichtigen, dass sich eine richtige Fachwissenschaft für dieses Gebiet noch gar nicht herausgebildet hat. So fehlt es allein schon an einem geeigneten Begriffsinventar, mit dem die einzelnen Sachverhalte beim Schreibenlernen mit der Hand bezeichnet und bewusst gemacht werden können. Es fehlt nicht nur eine Übersicht fachwissenschaftlicher Grundlagen auf dem Gebiet der Schriftgestaltung, sondern auch eine Zusammenfassung psychologisch/lerntheoretischer Erkenntnisse des Fertigkeitserwerbs, die für das Schreibenlernen auf die Bedürfnisse der Schule zugeschnitten sind. Schließlich ist auch die verfahrene Situation in den erziehungswissenschaftlichen Konzeptionen hinsichtlich der Proportionalität von Führung und Selbsttätigkeit sowie von frontalem und offenem Unterricht ein wesentlicher Grund für das Scheitern. Auf alle Fälle bedürfte es, wie eingangs angesprochen, einer breit angelegten Forschung, die auch ökonomisch unabhängig ist und den Willen der Beteiligten zu einer ehrlichen, unvoreingenommenen Zusammenarbeit voraussetzt.

Winter 2012

Bericht aus Berlin
„Die Bücher des Königs"

„Die Bücher des Königs" heißt eine Ausstellung über Friedrich den Großen als Schriftsteller und Liebhaber von Büchern und Bibliotheken. Gezeigt wurden 130 kostbare Exponate einer bibliophilen Fridericiana-Privatsammlung mit wertvollen Leihgaben der Staatsbibliothek zu Berlin und des Geheimen Staatsarchivs Preußischer Kulturbesitz. Für das „Brandenburg-Preußen Museum" in Wustrau am Ruppiner See war diese Ausstellung bis zum 9. Dezember ein hervorragender Abschluss des Friedrich-Jahres zum 300. Geburtstag des Königs. Zu sehen war sie in diesem Jahr in der Staatsbibliothek zu Berlin, in der Französischen Botschaft in Berlin und im Preußenmuseum in Minden in Nordrhein-Westfalen. Friedrichs eigene Werke, sein philosophisch-literarischer Briefwechsel und die für ihn gefertigten Bucheinbände stehen im Mittelpunkt der Ausstellung und des reich bebilderten Katalogs. Die noch erhaltenen Bücher des Königs können heute im Berliner Schloss Charlottenburg, im Schloss Sans Souci und im Neuen Palais in Potsdam bewundert werden. Die meisten Bücher des Königs sind nach den Worten des Kurators der Ausstellung, Wolfgang J. Kaiser, „seit 1945 verschollen".

Das kann mit den Bibliotheken des Publizisten und Gründers der Förderstiftung Konservative Bildung und Forschung (FKBF), Caspar Freiherr von Schrenck-Notzing, und des Sozialphilosophen Günter Rohrmoser nicht geschehen. Ihre Bücher sind der

Grundstock der Bibliothek des Konservatismus in der Fasanenstraße, fünf Minuten vom S-Bahnhof Zoologischer Garten. Seit November finden Studenten, Wissenschaftler und interessierte Bürger in dieser Spezialbibliothek alle wichtigen Quellen und Sekundärschriften über den Konservatismus seit 1789 in Deutschland, Europa und der Welt. Der Internetkatalog (OPAC) der Bibliothek und der Gemeinsame Bibliotheksverbund (GBV) der norddeutschen Bundesländer ermöglichen den Zugang zu der weiter im Aufbau befindlichen Präsenzbibliothek. Buchspenden und -schenkungen zum Konservatismus sind in der Charlottenburger Fasanenstraße willkommen.

Wertvolle Bücher zur Sprachpflege sammelt die Neue Fruchtbringende Gesellschaft zu Köthen/Anhalt für ihre Bibliothek im Fürst-Ludwig-Haus der deutschen Sprache.

In Berlin wird die Neue Fruchtbringende Gesellschaft am 21. Februar 2013 den Internationalen Tag der Muttersprache mitgestalten. Die Festveranstaltung steht unter dem Leitgedanken „Unsere Muttersprache – unerschöpflich. Der deutschen Sprache mit Martin Luther auf der Spur". Bundestagspräsident Norbert Lammert und Ministerpräsident a. D. Wolfgang Böhmer würdigen den Reformator und Sprachschöpfer in der Landesvertretung von Sachsen-Anhalt in der Luisenstraße in Mitte.

„Die Sprachen sind Scheiden, darin dies Messer des Geists steckt." Luthers Aufruf an die Ratsherren aller Städte ist die Reinickendorfer Bezirksstadträtin für Schule, Bildung und Kultur, Katrin Schultze-Berndt gefolgt. Ihre neue Veranstaltungsreihe trägt den Titel „Perlen deutscher Sprache". Der erste Abend im September galt „Hermann Hesse: Siddharta und die Sehnsucht nach Indien" mit Originaltönen Hesses. In der Novemberveranstaltung „Deutsch im Ausland" in Zusammenarbeit mit dem Goethe-Institut beeindruckte die junge österreichische Schriftstellerin Milena Michiko Flašar. Ihr Roman „Ich nannte ihn Krawatte" handelt in Japan, der Heimat ihrer Mutter. Man darf auf zwei weitere Abende im März und Mai 2013 gespannt sein.

„Autoren in Berlin – Berliner Autoren: Literaturkurs" ist ein Sprachkurs des Deutschen Akademischen Austauschdienstes (DAAD) im Juli und August 2013. Ob Milena Michiko Flašar, Stipendiatin des Literarischen Colloquiums Berlin (LCB), bei diesem Thema eine Rolle spielt? Jedenfalls verbinden die zwölf Berliner Volkshochschulen, die akademischen Spracheninstitute und die zahllosen privaten Sprachschulen ihre Deutschkurse mit Ortserkundungen und Besichtigungen in der reichen Berliner Kunst- und Kulturlandschaft. Dies loben die ausländischen Kursteilnehmer immer wieder. „Die Verbindung von Kunst, Kultur und Sprache überzeugt", meint ein Dolmetscher aus Belgien. „Die Deutschen hier sind sehr freundlich und offen zu mir", gesteht eine Physikerin im Masterstudium aus Aserbaidschan. Da bedarf es keiner Versiegelung der Hauptstadt mit englischsprachigen Schildern, wenn es nach dem Präsidenten des Abgeordnetenhauses ginge. Schließlich noch die Begeisterung eines Deutschkursteilnehmers aus Israel: „Mir gefällt in Berlin einfach alles, die Leute, die Umgebung, der Lebensstil und die Kultur."

Zur Stadtkultur und Sprachpflege gehört, dass man „Fleiß und Kosten nicht spare, gute Librareien oder Bücherhäuser ... zu schaffen." Luthers Wunsch an die Ratsherren aller Städte ist mein Wunsch an die Berliner Abgeordneten und Senatoren. Es geht um die Bücher der Bürger. Die ehemaligen Zentralbibliotheken der geteilten Hauptstadt sollen baulich vereinigt werden. Die Amerika-Gedenkbibliothek am Blücherplatz, die Berliner Stadtbibliothek und die Senatsbibliothek Berlin in der Breiten Straße 30-36 könnten als Zentral- und Landesbibliothek in das dafür umgebaute Internationale Congress Centrum (ICC) einziehen. Den Vorschlag des Mitgliedes des Abgeordnetenhauses Christian Goiny setzte das Berliner Büro der „KSP Jürgen Engel Architekten" in einen sehenswerten Entwurf um. Die Zentralbibliothek gehört doch nicht, wie der Senat es will, auf das Rollfeld des alten Zentralflughafens Tempelhof, des schönsten Flughafens der Welt.

Die „Humboldt-Box" am Schloßplatz zeigt die Pläne der Zentralbibliothek und der Humboldt-Universität Berlin für eine ausgewählte Schlossbibliothek. Stellen Sie sich diese Bibliothek im 2019 eröffneten Berliner Schloss vor! In der Planung wird die Rekonstruktion des historischen Schreibzimmers von König Friedrich dem Großen vorgeschlagen. Doch eine Ausstellung könnte heißen „Die Bücher der Bürger".

„Von der Keilschrift zum Binärcode"
Gespräch mit Hannelore Schneiderheinze

Sie sind nun schon seit vielen Jahren Referatsleiterin für Ausstellungen und Öffentlichkeitsarbeit im Deutschen Buch- und Schriftmuseum. Welche Förderer haben zu den wertvollen Sammlungen beigetragen?

Hannelore Schneiderheinze: Im Laufe seiner Geschichte erhielt das Deutsche Buch- und Schriftmuseum bedeutende Schenkungen, die nachhaltig auf die Bestandsbildung gewirkt haben und zum Teil existenzsichernd waren. Einige „Leuchttürme" möchte ich herausgreifen: Der Wiener Hofrat Franz Bartsch stiftete dem Museum 1910 eine bedeutende Sammlung mit 10000 Wasserzeichenpapieren und Buntpapieren, unter anderem chinesischer und japanischer Herkunft. In den 1920er Jahren retteten die bildenden Künstler Lovis Corinth, Paul Klee, Oskar Kokoschka, Käthe Kollwitz, Alfred Kubin und Max Slevogt mit ihrer Grafikspende die Gutenbergbibel des Museums vor dem Verkauf. Auch in der jüngeren Vergangenheit sind Buch-, Schrift-, Papier- und Medienkünstler als Förderer aufgetreten, indem sie oder die Nachkommen Teile des Œuvre dem Museum überlassen haben, wie beispielsweise Paul Zimmermann (geb. 1920) oder Hans-Joachim Walch (1927–1991). Aus institutioneller Hand kam Förderung unter anderem vom Börsenverein der Deutschen Buchhändler zu Leipzig, dessen bedeutende, aber kriegsdezimierte Bibliothek dem Museum 1959 übertragen wurde. Die Fritz-Thyssen-Stiftung hat in den 1990er Jahren durch finanzielle Unterstützung die Fachbibliothek des Museums bereichert, und von der Stiftung Buchkunst erhält das Museum regelmäßig die Bücher, die für die jährliche Auswahl und Prämierung als „Schönste Bücher der Bundesrepublik Deutschland" eingereicht werden. Herausragend ist auch eine Schenkung des Early Printing Museums Cheon-Ju zur koreanischen Typendrucktechnik, die knapp 80 Jahre vor Gutenbergs Innovation praktiziert wurde und von der Teile in der Dauerausstellung „Zeichen – Bücher – Netze. Von der Keilschrift zum Binärcode" zu sehen sind.

Wie werden die Sonntagsführungen für Familien gestaltet?

Hannelore Schneiderheinze: Einmal im Monat gibt es eine Sonntagsführung durch die Deutsche Nationalbibliothek und das Deutsche Buch- und Schriftmuseum. Die Führung durch die Dauerausstellung ist inhaltlich und sprachlich auf kulturinteressierte Besucher ohne fachliche Vorbildung ausgerichtet. Hier erhalten Familien, Senioren mit ihren Enkeln, Touristen und junge Erwachsene Einblick in 5000 Jahre Mediengeschichte. Darüber hinaus gibt es kindgerechte Angebote zum spielerischen Erkunden der Buch- und Medienkultur. Beliebt ist zum Beispiel „Das schöne Schreiben" mit Kielfeder nach historischen Vorlagen, die Arbeit mit Pappmaché oder das Naturdruckverfahren.

Die „Wiener Sprachblätter" berichteten über das Leipziger Buch- und Schriftmuseum. Welches Ansehen hat es über Ländergrenzen hinaus?

Hannelore Schneiderheinze: Nach der Eröffnung des Erweiterungsbaus der Deutschen Nationalbibliothek mit dem neuen Museumslesesaal und dem attraktiven Ausstellungsbereich nahm auch der Anteil internationaler Museumsbesucher zu. Außerdem gibt es auf fachlicher Ebene langjährige Kontakte zu ausländischen Partnern, beispielsweise zum Schweizerischen Museum für Papier, Schrift und Druck (Basler Papiermühle) oder zum Dänischen Grafik- und Pressemuseum in Odense. Der Bekanntheitsgrad im Ausland wird auch dadurch gefördert, dass das Deutsche Buch- und Schriftmuseum in internationalen Gremien mitarbeitet – beispielsweise in der Association of European Printing Museums, im Internationalen Arbeitskreis Druck- und Mediengeschichte und in der Internationalen Gutenberg-Gesellschaft in Mainz.

Welche Wünsche für die Weiterentwicklung hätte das Museum als Hüter von Sammlungen zur Buch- und Medienkultur?

Hannelore Schneiderheinze: Für das Hüten und Bewahren sind im Erweiterungsbau wunderbare Voraussetzungen geschaffen worden, angefangen bei den Depots, dem Arbeitsumfeld und besonders mit den Ausstellungs- und Vermittlungsbereichen. Die Erschließung der Bestände bleibt weiterhin eine große Herausforderung, auch im Hinblick auf die Digitalisierung und zunehmende Vernetzung von Daten. Die umfassende Dokumentation ist notwendig, um den musealen Fundus von mehr als einer Million Zeugnisse noch besser für Studien und Forschungsarbeit nutzbar zu machen und auch um die Ausstellungs- und Vermittlungsarbeit zu optimieren. Fortschritte auf dieser Ebene tragen sicher dazu bei, dass sich die Deutsche Nationalbibliothek mit den Potenzen des

Museums noch gezielter als Kulturort in der Öffentlichkeit profilieren kann.

Die Erhaltung der Schreibschrift liegt der „Deutschen Sprachwelt" am Herzen. Könnten Sie uns kurz die Arbeiten von Renate Tost zur Schulausgangsschrift in den Sammlungen nennen?

Hannelore Schneiderheinze: Wir pflegen seit vielen Jahrzehnten den Kontakt mit Renate Tost. Zunächst war das Interesse auf ihre künstlerischen Arbeiten orientiert. In den 1980er Jahren konnten wir dazu einiges in unseren Bestand aufnehmen. Da geht es um die verschiedenen Facetten von konkreten kalligrafischen Studien, über abstrakte Kalligrafie bis zur gestischen Ausdrucksweise. Das ist ein schöner kleiner Bestand, der zur Grafischen Sammlung des Museums gehört. Der andere Teil, bei dem Renate Tost auch als Förderin für das Museum aufgetreten ist, bezieht sich auf die Entwicklung der Schulausgangsschrift. Da gibt es neben Materialien zu Formbildungsschritten zum Beispiel auch Briefwechsel mit namhaften Schriftkünstlern und Typografen wie Albert Kapr, Karl-Heinz Lange, Jan Tschichold. Man erfährt viel über die kleinen, mühsamen Schritte dieses langjährigen Projektes, über Hürden, die genommen werden mussten, aber auch über die Wertschätzung der Fachkollegen. Auch solche Originalbestände werden in unserem Museumslesesaal für die Benutzung bereitgestellt.

Frühling 2013

Bericht aus Berlin
Martin Luthers Deutsch

„Und ich weiß nicht, ob man das Wort ‚liebe‘ auch so herzlich und genugsam in lateinischer oder anderen Sprachen ausdrücken kann, dass es ebenso dringe und klinge ins Herz durch alle Sinne, wie es tut in unserer Sprache." Schüler aus Sachsen-Anhalt brachten in der Landesvertretung in der Luisenstraße am 21. Februar Martin Luthers Deutsch im „Sendbrief vom Dolmetschen" und mit Fabeln des Äsop zum Klingen. Dieser Spur unserer unerschöpflichen Muttersprache folgten während der Festveranstaltung zur Halbzeit der Lutherdekade Ministerpräsident a. D. Wolfgang Böhmer und Bundestagspräsident Norbert Lammert in der Begrüßungsansprache und in der Festrede.

Begeben wir uns im Richard-Wagner-Jahr auf die Spur des Dichter-Komponisten (1813–1883) zu seinem 200. Geburtstag! Auch Wagner ist Sprachschöpfer. Beispielsweise gewann er aus dem Tätigkeitswort „bergen" das Hauptwort „die Berge". In seiner Oper „Tristan und Isolde" und im Bühnenfestspiel „Der Ring des Nibelungen" bedeutet „die Berge" das Innere eines Menschen, in dem tiefste Empfindungen geschützt sind. Victor Henle lässt uns in seinem Lexikon „Wagners Wörter" spüren, wie unerschöpflich Richard Wagners singbare Sprache, gespeist aus dem Alt- und Mittelhochdeutschen, ist. In Berlin weilte Wagner nur kurz vom 19. Mai bis zum 7. Juli 1836 und bemühte sich vergeblich um die Aufführung seiner Oper „Das Liebesverbot". Doch am Theater in

Königsberg und später in Riga wurde er Musikdirektor. Die Hauptstadt Berlin kann mit einem gewaltigen Richard-Wagner-Denkmal aus pentelischem Marmor des Bildhauers Gustav Eberlein im Großen Tiergarten in der Nähe der Luiseninsel aufwarten. Im Gedenkjahr sollte die beeindruckende 2,7 Meter hohe Sitzfigur des Komponisten auf neuromanischem Sockel in das Besucherprogramm einbezogen werden. Um den Sockel herum sind Opernfiguren gruppiert: Wolfram von Eschenbach, Tannhäuser, Brünhilde mit dem toten Siegfried und der von einer Rheintochter gezauste Alberich. Unter dem Titel „Wagner-Kino" bietet das Zeughauskino am Deutschen Historischen Museum vom 25. April bis 31. Mai eine Film- und Veranstaltungsreihe an (www.wagner-kino.de).

Der Norddeutsche Rundfunk (NDR) zeigt in der Deutschen Kinemathek im Filmhaus am Potsdamer Platz noch bis zum 7. April die Ausstellung „40 Jahre Sesamstraße". Der Bildungsanspruch dieses Vorschulfernsehens zeigt sich schon im Erkennungslied „Der, die, das. Wer, wie, was, wieso, weshalb, warum? Wer nicht fragt, bleibt dumm!". Die Ausstellung veranschaulicht mit den Puppen, Spielszenen und Trickfilmeinlagen rundum das Zählen und das Alphabet, wie sich die deutschen Sendungen von der amerikanischen Vorlage unterscheiden. Zu sehen ist auch der Brief einer Schülerin in schwungvoller Schreibschrift an Samson. Der beliebte Bär gehört seit 1978 zu den Bewohnern der deutschen Sesamstraße. Unter den vielen anderen Figuren stellt Wolle, das Reporterschaf, die Fragen. Und der Händler Schlemihl fragt den spitzbübischen Ernie immer: „Psst, willst du ein A kaufen?"

Mit dem Buchstabenmuseum im Berlin Carré gegenüber vom S-Bahnhof Alexanderplatz entsteht ein Bil-
dungszentrum für Anschauungsunterricht in Lesen,
Schreiben und Geschichte. Schon jetzt können mehr
als 450 Buchstaben und Schriftzüge von Gebäudefas-
saden und Werbeträgern im Schaudepot betrachtet
werden. Die Buchstaben aus Neonröhren, Metall,
Kunststoff, Holz und Gips sind bis zu 240 Zentimeter
hoch und 28 Zentimeter tief. Die Schriftzüge erreichen eine Breite bis zu viereinhalb Metern. Zusam-
mengestellt und dokumentiert hat sie die Wiener Grafikerin Barbara Dechant, die mit Anja Schulze einen
Förderverein gründete.

Die Coburger Studenten der Innenarchitektur Wolfram Schmeisser und Marcus Hahn gestalteten für die
Ausstellungsstücke eine 180 Quadratmeter große Fläche im ersten Stock des Einkaufszentrums. Gegenüber
vom gläsernen Eingang fällt der Blick auf eine Um-
zäunung mit übereinander gestellten Schriftzügen.
„Das Buchstabenmuseum ist weiterhin auf der Suche
nach einem Ort mit ausreichend Ausstellungs- und
Lagerfläche, um die Vision dieses einzigartigen Museums Wirklichkeit werden zu lassen“, heißt es im
Faltblatt. Hier wird der Traum von einem Museum im
klassischen Sinn angedeutet mit einer Dauerausstellung zur Geschichte und Entstehung von Buchstaben,
mit Themenausstellungen und Sonderprogrammen mit
Künstlern, Hochschulen und Förderern. Die nebenbe-
ruflichen, privaten Gründerinnen des Museums ohne
öffentliche Fördergelder erwarten als Besucher Typografen, Grafiker, allgemein Interessierte sowie Schul-
klassen und Kindergartengruppen. Sie ahnen vielleicht

noch gar nicht, welche wichtige Bildungsaufgabe auf ihre Kultureinrichtung zukommt.

Nicht museal, sondern schwungvoll und zeitgemäß wirken besonders die Schriftzüge „Lederwaren" (1947), „Lebensmittel" (1950), „Schneiderartikel" (1960), „Zierfische" (1980er Jahre) und „Schuhe". Sie schärfen den Blick für Sprache und Schrift an den Geschäftsstraßen. Am Kurfürstendamm und in seinen Seitenstraßen entdecke ich heute: „SchokoLaden", „Landbäckerei. Der Havelbäcker", „Bäcker", „Juwelier", „Hier sind Sie goldrichtig", „Schuhhof". In das Besucherbuch des Buchstabenmuseums schreiben auffallend viele begeisterte ausländische Gäste. Gesammelt werden auch Fundstücke aus anderen Ländern. Das grüne P mit Krone ist ein Sonderzeichen des Textilkonzerns aus Wien, der vier Geschäfte in Berlin betreibt. Dagegen gehören die Buchstaben und Schriftzüge „Ebbinghaus", „Wertheim", „Quelle" und „Hertie" zur Geschichte. Der „Typ-Designer" Hubert Jocham entwickelte den Schriftzug „Hertie" in Schreibschrift. Der Schriftgestalter Manfred Gensicke entwarf den Schriftzug „Zierfische" sogar mit der eigenen Handschrift. Dieser Schriftzug hat im Museum eine kleine Abteilung für sich mit Dokumentation, Konstruktionsunterlagen und Fotos mit dem Schöpfer.

Ermutigend ist es zu erfahren, wie das Museum mit der Aktion „Rettet die Zierfische" die schönen Leuchtbuchstaben rettete. Mit der Aktion „Rettet die Schreibschrift" wird der „Deutschen Sprachwelt" für unsere Schulen die Rettung der Schreibschrift gelingen!

Von Kopf bis Fuß auf Englisch eingestellt?
Weniger Deutsch in der Wissenschaft

Hinter den Mauern der Berlin-Brandenburgischen Akademie der Wissenschaften am Gendarmenmarkt bleibt unsere Muttersprache in der Wissenschaft eine „heikle Frage". Dort fand am 29. Januar 2013 eine Podiumsdiskussion statt, an der hochrangige Wissenschaftler teilnahmen. Veranstalter waren der Arbeitskreis Deutsch als Wissenschaftssprache (ADAWIS) und die Freie Universität Berlin. Der Präsident der Freien Universität, Peter-André Alt, erklärte in seiner Begrüßung, die Blütezeit des Deutschen als Wissenschaftssprache sei ein „episodisches Phänomen", der Verlust sei jedoch nicht zu wünschen.

Konkrete Erkenntnisse, wo die Wissenschaftssprache Deutsch ihren Platz hat, brachte die Diskussion der honorigen Professoren nicht. Die Moderatorin Amory Burchard, Wissenschaftsredakteurin beim „Tagesspiegel", arbeitete in der Diskussion die Themen „Kommunikation in Forschung und Lehre" und „Deutsch als Konferenzsprache" heraus. Aufsehen erregte das leidenschaftliche Durchsetzen von Englisch an der Freien Universität. Der Mathematiker Günter M. Ziegler hält Englisch bereits für die „übliche Wissenschaftssprache". In Mathematik und Naturwissenschaften lasse sich alles ohne Verluste auf Englisch ausdrücken. Auch seine Professorenkollegin, die Theaterwissenschaftlerin Erika Fischer-Lichte, hält Englisch für selbstverständlich und streute wegen ihrer internationalen Fachkollegen den Begriff „Multilinguismus" in die Diskussion. Diesen Begriff verdeutlichte der international geschätzte Sprachwissenschaftler Jürgen Trabant, indem er von seiner eigenen Lehrtätigkeit in vier Sprachen berichtete. Er ist gegenwärtig Professor für Europäische Mehrsprachigkeit an der privaten „Jacobs University Bremen" der Stiftung des internationalen Kaffeekonzerns. Diese Bremer Universität existiert wie eine britische Universität nur englischsprachig. Erst auf Protest ausländischer Studenten (86 Prozent) sind Deutschlehrgänge zugelassen. Die Kommunikation in den Naturwissenschaften ist für den Chemiker Horst Hippler, Präsident der Hochschulrektorenkonferenz, nur auf Englisch möglich. Das sei die Sprache, die alle verstehen.

Der Mediziner des Münchener Helmholtz-Zentrums und Erste Vorsitzende des ADAWIS, Ralph Mocikat, hielt dagegen, dass die Sprache des Medizinstudiums in Deutschland trotz hohem Ausländeranteil (15 Prozent) nach wie vor Deutsch sei. Befremdlich sei es, wenn auf Tagungen deutsche Wissenschaftler englisch miteinander sprechen. Moderatorin Amory Burchard stellte die These zur Diskussion, Deutsch müsse obligatorisch sein. Günter M. Ziegler lehnte das kategorisch ab. Von seinen Studenten fordert er in Mathematik Zusammenfassungen auf Englisch. Er ist gegen Verordnungen „von oben". Deutsch ist bei Horst Hippler nicht verpflichtend. Er gesteht jedoch ein, dass Ausländer, beispielsweise die Chinesen, für Deutsch sind.

Als die Moderatorin die Diskussion auf das Publikum ausweitete, brachte der Physiker Klaus Däßler den Reichtum der deutschen Begrifflichkeit zur Sprache. Was Kinder in der Schule in ihrer Muttersprache erworben haben, dürfe im Hochschulstudium nicht einfach ins Englische übersetzt werden. Der Chirurg Wolfgang Haße belegte mit statistischem Material seine Forderung, Deutsch als Kongresssprache bei internationalen Tagungen in Deutschland festzulegen und Simultandolmetscher einzusetzen. Der Jurist und Pädagoge Kurt Gawlitta gab zu bedenken, dass es besser sei, wenn Hochschullehrer in ihrer Muttersprache frei sprächen anstatt auf Englisch abzulesen. Dem pflichtete Ralph Mocikat bei, denn bei Vorlesungen in der Fremdsprache gehe viel verloren. Die Frage stand im Raum, wo die Politik eingreifen könne. Für Horst Hippler und die Hochschulrektorenkonferenz wäre eine Gesetzgebung „eine Katastrophe". Erika Fischer-Lichte hält ministerielle Vorgaben für „absurd". Dagegen sieht Ralph Mocikat für die Politik Handlungsspielräume und nennt zwei Beispiele: Öffentlich geförderte Tagungen mit deutschen Teilnehmern sind in deutscher Sprache durchzuführen. Die in englischer Sprache geforderten Förderanträge müssen auch auf Deutsch gestellt werden können.

Hermann H. Dieter, Vorstandsmitglied des ADAWIS, nannte das Bologna-Modell und das Kaskadenmodell für Chancengleichheit von Wissenschaftlerinnen und Wissenschaftlern als Beispiele für den Eingriff des Staates. Ralph Mocikat verband dies mit dem Recht der Steuerzahler. Allgemeine Übereinstimmung gab es in der Wertschätzung der Mehrsprachigkeit. Damit gab sich auch Ralph Mocikat zufrieden. Internationalität ist für ihn nicht englisch. Die Zusammenfassung des Universitätspräsidenten Peter-André Alt fiel nicht eindeutig aus. Alle Rede- und Diskussionsbeiträge werden veröffentlicht. Die Frage nach der Sprache von Forschung und Lehre bleibt offen.

Sommer 2013

Bericht aus Berlin
200 Jahre Befreiungskriege

„Muttersprache" heißt das Lehrwerk eines Berliner Schulbuchverlages. Das Arbeitsheft 5 hält einen Übungstext „Aufenthalt in Berlin" bereit: „Am ersten Tag möchte ich den Reichstag, die Siegessäule, das Brandenburger Tor und die Gedächtniskirche sehen. (…) Am letzten Tag können wir noch auf den Fernsehturm fahren, über den Alexanderplatz schlendern, das Rote Rathaus besichtigen." Auf dem Programm eines hessischen Gesangvereins für seine Reise nach Berlin im Sommer 2013 stehen: „Regierungsgebäude, Brandenburger Tor, Kudamm, Berliner Mauer, Berlin-Mitte mit Potsdamer Platz und vieles andere mehr". Die Deutschlandhalle gibt es nicht mehr. Der neue Messebau an ihrer Stelle am Funkturm wird – kein Scherz – auf Englisch „Stadtwürfel Berlin" genannt.

Viel Sehens- und Erlebenswertes bietet die deutsche Hauptstadt in Erinnerung an den Beginn der Befreiungskriege gegen die französische Besetzung vor zweihundert Jahren. Am 17. März 2013 trug der Schauspieler Klaus Kowatsch am Nationaldenkmal auf dem Kreuzberg den Aufruf König Friedrich Wilhelms III. (1770–1840) „An Mein Volk" vor. Darin fordert der König „einen ehrenvollen Frieden", weil „ehrlos der Preuße und der Deutsche nicht zu leben vermag". Das ließ Friedrich Wilhelm III. am 17. März 1813 im schlesischen Breslau verlauten, schon am Tag davor war die Kriegserklärung. Während der Gedenkveranstaltung des Kreuzbergmuseums sprach

Klaus Kowatsch im Viktoriapark an der Statue Heinrich von Kleists Verse aus dem „Kriegslied der Deutschen" und „Germania an ihre Kinder". Von den ursprünglich sechs Standbildern im Viktoriapark ist noch ein zweites – das von Ludwig Uhland – erhalten. Sein Gedicht „Der gute Kamerad" wird nach der Melodie von Friedrich Silcher bis heute auf Trauerfeiern in Deutschland und in Österreich angestimmt. Vor einem leeren Sockel erinnerte der Schauspieler an den Dichter Friedrich Rückert (1788–1866) und dessen „Geharnischte Sonette". Die inhaltsreiche und unterhaltsame Geschichtsstunde beendete Klaus Kowatsch im Sockelgeschoss des Nationaldenkmals. Dort lagern unter anderem Abgüsse und Formen der einst von Napoleon nach Paris entführten Quadriga des Brandenburger Tores.

Der Berliner Schriftsteller Günter de Bruyn (geb. 1926) hat in seinem jüngsten Buch „Gräfin Elisa. Eine Lebens- und Liebesgeschichte" auch den Befreiungskampf Deutschlands beschrieben. In Breslau wirkte Elisa von Lützow bei der Rekrutierung des „Königlich Preußischen Freikorps" mit. Für ihren Einsatz wurde die Gräfin mit dem Eisernen Kreuz ausgezeichnet. Die schwarzen Uniformen des Lützowschen Freikorps hatten rote Einfassungen und goldene Knöpfe. Dieses Schwarzrotgold wurde nach den Freiheitskriegen durch die Burschenschaften zum Symbol für die Einheit Deutschlands und ist es bis heute. Günter de Bruyn schildert in seinem Buch, wie der Dresdener Dichter Theodor Körner während des Feldzuges das Gedicht „Lützows wilde verwegene Jagd" schrieb. Es wird noch heute in der Vertonung von Carl Maria von Weber gesungen. Der Pädagoge Friedrich Fröbel aus

Thüringen und der oberschlesische Dichter Joseph von Eichendorff trafen auch in Breslau zusammen. Aus Berlin kamen Karl Friedrich Friesen und Friedrich Ludwig Jahn.

Handschriftliche Manuskriptseiten des Berlin-Romans „Allerlei Glück" von Theodor Fontane sind am 11. April 2013 restauriert der Öffentlichkeit in Potsdam vorgestellt worden. Ulrike Tanzer von der Universität Salzburg hielt einen Vortrag über Theodor Fontanes Verständnis von Glück. 1865, nach seinem Erstling „Vor dem Sturm", begann der Dichter mit der Arbeit an seinem ersten Gesellschaftsroman, der jedoch unvollendet blieb. In seinem historischen Roman „Vor dem Sturm" verarbeitete Theodor Fontane die Zeit vor den Befreiungskriegen im Winter 1812/13.

Vom 15. Juli bis 9. August 2013 gestaltet das Sprachenzentrum der Humboldt-Universität sein Sommerprogramm „Deutsch lernen – Kultur verstehen – Berlin erleben". Da können die Erinnerungsorte an die Freiheitskriege, ein helles Kapitel unserer deutschen Geschichte, „kulturelle, literarische und historische Erlebnisse" werden. Friedrich Rückert, Professor für orientalische Sprachen in Erlangen und Berlin, hielt wie andere Geister der Freiheit und Einheit die deutsche Sprache als einigendes Band hoch:

„Drum ist die schönste Sprach' und beste,
die du nennst,
die Muttersprache, weil du sie am besten kennst."

Schreiben für Kinder
Reiner Kunze und Otfried Preußler in Berlin

In der Akademielesung „Literatur & Freiheit" der Berliner Konrad-Adenauer-Stiftung am Tiergarten war der Schriftsteller Reiner Kunze (geb. 1933) am 28. Mai 2013 zu erleben. Erwachsene erhielten einen Eindruck vom Schreiben für Kinder. Reiner Kunze las aus seinen Büchern „Der Löwe Leopold", „Das Kätzchen" und „Was macht die Biene auf dem Meer?".

Bewegend erzählte er die Entstehungsgeschichte des Buches „Der Löwe Leopold", das er auf Wunsch seiner Tochter schrieb. Sie gab ihm mit ihren Beobachtungen und Fragen viele Ideen für Kindergeschichten und -gedichte: „Warum sind Löwenzahnblüten gelb? / Das weiß jedes Kind. / Weil Löwenzahnblüten / Briefkästen sind." In dem Bilderbuch „Das Kätzchen" gelingt es dem Dichter, die Kinder auf das Tragische des Lebens vorzubereiten, ohne dass sie dabei traurig werden. Reiner Kunze zeigte auf großen Tafeln die schönen Bilder von Horst Sauerbruch zu „Das Kätzchen" und seinem neuen Buch „Was macht die Biene auf dem Meer". Dazu las er aus dem Vorwort: „Manche Gedichte in diesem Buch sind für kleinere Kinder, andere für Kinder, die schon größer sind, und wieder andere sind für noch größere Kinder." Der Text ist dann gelungen, meinte der Dichter, wenn das Kind ihn immer wieder hören möchte, obwohl es ihn schon auswendig kennt.

Dass das Schreiben für Kinder eine besondere Sache ist, war im ganzen Auftritt von Reiner Kunze zu spüren. „Ich möchte Kinder beglücken ohne falsches

Bewusstsein zu schaffen in einer Zeit, in der sie mit fertigen Bildern der Medien überflutet werden." Der feinsinnige Wortkünstler und Sprachpfleger ist Ehrenmitglied der Neuen Fruchtbringenden Gesellschaft zu Köthen/Anhalt. Auf Anfrage können wir uns auf diese Dichterlesung auch in Köthen freuen.

Auf ganz andere Art schrieb Otfried Preußler (1923–2013) für Kinder. Für den langjährigen Lehrer waren sie „das beste und klügste Publikum". Otfried Preußler verarbeitete Erinnerungen an eigene Kindheitserlebnisse in Böhmen und an die Wanderungen mit seinem Vater im Gebirge. Auch die Geschichten, die er von der Großmutter und in Bauernstuben hörte, gestaltete er in seinen Kinderbüchern. Noch zu Lebzeiten übergab der Autor seinen schriftstellerischen Nachlass mit dem umfangreichen Briefwechsel der Staatsbibliothek zu Berlin - Preußischer Kulturbesitz. Ein ganz besonderer Schatz unter den vielen Briefen an Otfried Preußler sind zahlreiche, die von Kindern verfasst sind. Sie teilen dem Autor ihre Ansichten zur kleinen Hexe, zu Krabat, zum kleinen Wassermann und natürlich zum Räuber Hotzenplotz mit. Die Sammlung wird jetzt erkundet und verzeichnet. Im Herbst 2013 erwartet uns in Berlin in der Staatsbibliothek eine Ausstellung.

„Treueste Sorgfalt gefordert"
Über das verstärkte Lernen der Handschrift

„Hauptsache Handschreiben": Das war der Leitgedanke einer Tagung in München am 20. April 2013. Eingeladen hatten der Bayerische Lehrer- und Lehrerinnenverband (BLLV) und die „Allianz für die Handschrift" um Ute Andresen. Peter Igl, ehemaliger Lehrplanentwickler am Staatsinstitut für Schulqualität und Bildungsforschung (ISB) in München, gab einen Einblick in die Entwicklung des Schreibunterrichts in Bayern seit den Nachkriegsjahren und stellte heraus, dass die „Schriftmisere von heute" nicht nur auf die Schriftvorlage zurückzuführen ist. Schulpraktiker aus Nordrhein-Westfalen, Baden-Württemberg und Bayern bestätigten, dass immer mehr Kindern die „Schrift entgleist" und das Schriftbild unleserlich ist. Hingewiesen wurde auch auf die Beeinträchtigung der Schreibschrift durch „ungeregelt erworbene Druckschriften" und durch den „Einfluss ungünstiger Stifthaltungen". Die Grundschullehrerin und Lehrerbildnerin Ute Andresen betonte: „Die Handschrift verlangt von Anfang an die treueste Sorgfalt des Unterrichtens, um Fehlentwicklungen zu verhüten: Die Bewegungsgestalten aller Buchstaben sollten genau gezeigt, verstanden und nachvollzogen werden." Die Schlussfolgerung der Tagung ist die Forderung an das Bayerische Staatsministerium für Unterricht und Kultus, das verstärkte Lernen der Handschrift in den Grundschullehrplan aufzunehmen.

Die Schönheit unserer Schrift in Stein gemeißelt
Seit 1900 Jahren steht in Rom die Trajanssäule

In Rom an der Via dei Fori Imperiali entdecken wir das Trajansforum, das am besten erhaltene Kaiserforum. In seiner Mitte erhebt sich die Trajanssäule, die auch ein Schriftdenkmal ist. Der römische Kaiser Marcus Ulpius Traianus (53–117) führte das Römische Reich zu höchster Macht und Größe: durch Kriege gegen die Parther im heutigen Iran, die Juden in der damaligen römischen Provinz Judäa, die Assyrer im heutigen Irak und die Daker im heutigen Rumänien. Er ließ sich sein Kaiserforum von dem Architekten Apollodor von Damaskus errichten. Auf dem Forum ist die Trajanssäule das einzige unbeschädigte Monument zwischen den Ruinen zweier Bibliotheken. Trajans Siegessäule und sein Grabmal wurden am 12. Mai 113 eingeweiht, also vor 1900 Jahren.

Die fast vierzig Meter hohe Trajanssäule behauptet sich gegenüber der gewaltigen Basilica Ulpia als Aussichtspunkt und prägt das Trajansforum. Über dem würfelförmigen Sockel strebt der fast dreißig Meter hohe Schaft empor, der ein Podest mit dem Standbild des Apostels Paulus trägt. Das ursprüngliche vergoldete Standbild des Kaisers ging im Mittelalter verloren. Auch die goldene Urne mit seiner Asche im Sockel gibt es nicht mehr. Von dem Altar im Sockel führt eine Wendeltreppe durch den hohlen Schaft zur Aussichtsplattform. Außen am Säulenschaft aus griechischem Marmor ist ein 200 Meter langes, spiralförmiges Relief mit 23 Windungen wie eine antike Buchrolle angebracht. Die dort in den feinsten Einzelheiten dargestellten 2500 menschlichen Figuren in bis zu 75

Zentimetern Größe berichten von Trajans Dakerkriegen.

Anmutig, stilvoll, schön

Die Inschrift über der Tür des Sockels drückt die Ehrerbietung für den siegreichen Herrscher und das Ausmaß der Erdarbeiten an einem Hügel aus. Die Schrifttafel der Trajanssäule ist ein Meisterwerk der römischen Schriftkunst. Diese Steintafel ist 115 Zentimeter hoch und 275 Zentimeter breit. Die Schrift füllt die ganze Fläche. Die sechs Schriftzeilen auf der Tafel verringern ihre Höhe von ungefähr 11,5 Zentimeter der ersten zwei Zeilen bis etwa 9,5 Zentimeter der letzten Zeile. Die Abstände zwischen den Zeilen verringern sich von 7,5 auf 7 Zentimeter. Die unterschiedlichen Zeilenhöhen und Zeilenabstände wirken der optischen Verkürzung bei zunehmender Entfernung entgegen.

Die stilvoll schöne Ausstrahlung der Buchstaben wird durch ihre Proportionen, den Wechsel von schmalen und breiten Strichen sowie den Ausgleich optischer Täuschungen hervorgerufen. Die römische Monumentalschrift (Capitalis Monumentalis) hat nur Großbuchstaben, keine Wortabstände und Silbentrennung. Die Wörter sind durch dreieckige Punkte voneinander getrennt. Die geometrischen Formen Kreis, Dreieck und Quadrat/Rechteck verleihen den Umrissen der Buchstaben Lebendigkeit. Die Buchstabenendstriche, die Serifen, verstärken die waagerechte Linienführung in der oberen und unteren Begrenzung der Zeilen und betonen die edlen Formen.

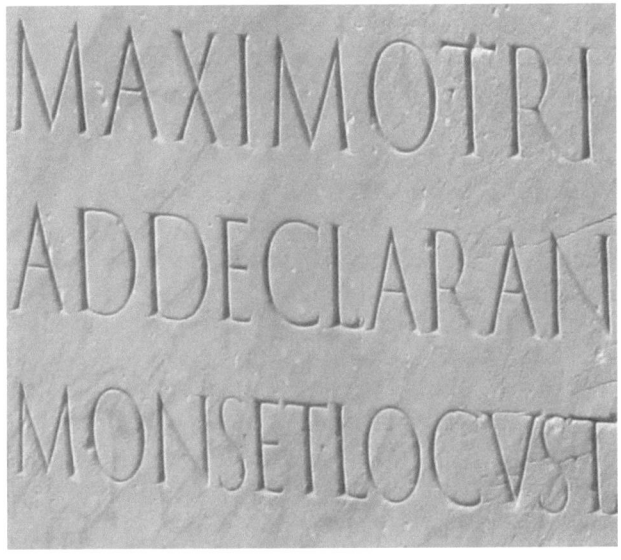

Für die Anmut dieser schönen Schrift stehen das T und das D. Die Serifen des T haben einen unterschiedlichen Aufstrich. Der Bogen des D reicht unter die Grundlinie. Unverwechselbar machen diese Schrift die Buchstaben Q und P. Die klassische Form des Q besteht aus einem langen schön gebogenen Schweif, der den benachbarten Buchstaben weit unterragt. Beim P ist der Bogen nicht ganz geschlossen. Das I ist der schmalste und das M der breiteste Buchstabe. Der Wechsel der Strichstärke trägt zur Ausgeglichenheit der Buchstaben bei. Die Strichstärke entspricht ungefähr dem Zehntel der Buchstabenhöhe. Striche von oben links nach unten rechts sind dicker und von oben rechts nach unten links dünner. Die einer optischen Täuschung unterliegenden Buchstaben sind leicht über die Schriftlinie hinaus vergrößert. Es handelt sich dabei um solche mit einer oben oder unten auslaufenden Spitze (V) oder einem Kreisbogen (O, S, C). Das Gleichmaß innerhalb der Zeilen wird durch den optischen Ausgleich der Buchstabenzwischenräume erzeugt.

Die Buchstaben sind bis heute in Gebrauch

Das Beeindruckende und Denkwürdige an der Schrifttafel der Trajanssäule ist, dass wir heute noch dieses lateinische Alphabet schreiben. Die Großbuchstaben (Majuskeln) auf der edlen Steintafel sind älter als 1900 Jahre, haben eine siebenhundertjährige Vorgeschichte in Westgriechenland und Mittelitalien bei den Etruskern. Die Schreibmeister des Mittelalters und der Neuzeit konnten bei ihren Schriftgestaltungen das maßvolle, kühne Inschriftalphabet nicht übertreffen. Sie entwickelten jedoch im Verlauf von sieben Jahrhunderten die Kleinbuchstaben (Minuskeln). Die karolingischen Minuskeln des französischen Königsklosters Corbie in der Karolingerzeit (714–843) bilden die Grundlage unserer heutigen lateinischen Kleinbuchstaben.

Reisender, kommst du zur 1900-Jahr-Feier der Trajanssäule nach Rom, fotografiere nicht nur die Bildhauerkunst, sondern entdecke auch die Schönheit und Anmut der Schriftkunst! Der hohe Anspruch des lateinischen Alphabets hat zu allen Zeiten bis in die Gegenwart Schriftkünstler, Grafiker, Maler, Schriftgestalter und Kunsterzieher angeregt. Albrecht Dürer (1471–1528) setzte sich tiefgründig mit dem Formenaufbau des Großbuchstabenalphabets auseinander. Er schnitzte für Kaiser Maximilian I. (1459–1519) in Holz die monumentale Ehrenpforte mit der Schriftgestaltung des Schreibmeisters Johann Neudörffer des Älteren (1497–1562).

Kühn und wuchtig, logisch und überpersönlich

Heute legen unsere Lehrer der Schreibkunst nach wie vor nicht nur Wert auf Lesbarkeit der Schrift, sondern auch auf Schönheit, Harmonie und Formerfahrungen vorangegangener Schriften. Hildegard Korger (geb. 1935) gibt in ihrem Standardlehrbuch „Schrift und Schreiben" eine Anleitung für Fortgeschrittene zum Erlernen des römischen Alphabets auf der Trajanssäule mit reicher Bebilderung und ausführlicher Beschreibung. Die Vergrößerung der berühmten Steintafel auf einer Doppelseite hat ihre eindrucksvolle Wirkung auch bei Walter Ohlsen (1911–1980) in seinem Schriftfachbuch „MONUMENTALSCHRIFT. MONUMENT. MASS. Proportionierung des Inschriftalphabets und des Sockels der Trajanssäule in Rom". Ohlsen, Vermesser des Sockels und der Inschrift der Trajanssäule, hat die fehlenden Buchstaben H, J, K, U, W, Y, Z rekonstruiert. Seine überraschenden Ergebnisse der Untersuchungen geometrischer Form- und Proportionszusammenhänge machen das römische Monument und seine lateinische Inschrift nach 1900 Jahren zum neuen Abenteuer der Forschung.

„Kühn und wuchtig, logisch und überpersönlich stehen die Buchstaben der Trajanssäule vor uns. Sie sind ein letzter Glanz antiker Kultur, sind die reifsten, köstlichsten Früchte der vorangegangenen Schriftentwicklung, die prachtvolle Krönung eines vieltausendjährigen Ringens um die schriftliche Ausdrucksform."

Diese beeindruckende, treffliche Würdigung übernahm Ohlsen von Albert Kapr (1918–1995).

Auch die Schriftgestalterin Renate Tost (geb. 1937) setzt sich für Formklarheit, überschaubares Gestalten der Figuren Wortbild, Zeile und Block sowie eine ganzheitliche Bewegungsgestalt ein, mit dem Ziel einer stilvoll schönen Schrift. Die Schöpferin der Schulausgangsschrift spricht sich für die Bewahrung und Vervollkommnung der Schreibschrift in unseren Schulen aus. Die in Stein gemeißelte Klarheit der noch heute gültigen Schrift auf der Trajanssäule bleibt das Leitbild für schönes Schreiben, ein Ausdruck der Schönheit in unserer Kultur.

Hinz, Lienhard: „Dilettantisches Herumbasteln an der Schrift" Renate Tost, Mitbegründerin der Schulausgangsschrift, ist über die Grundschrift entsetzt. In: Deutsche Sprachwelt 12 (2012) 3, S. 3

Kapr, Albert: Schriftkunst. Geschichte, Anatomie und Schönheit der lateinischen Buchstaben. Berlin 2006

Ohlsen, Walter: Monumentalschrift. Monument. Maß. Hamburg 1981

Tost, Renate: Innen und außen. Großbuchstaben mit der Schere gestalten. In: Die Grundschulzeitschrift 69 (1993), S. 22–23

Ich danke Frau Dr. Renate Tost für die Idee und fachliche Beratung und Frau Dr. Elfriede Wihsgott-Heinze für die Fotografie.

Herbst 2013

Bericht aus Berlin
Jochen-Klepper-Jahr

„Der du die Zeit in Händen hast, Herr, nimm auch dieses Jahres Last und wandle sie in Segen." – Das sind Worte von Jochen Klepper (1903, Beuthen an der Oder – 1942, Berlin-Nikolassee). An den christlichen Schriftsteller und Journalisten erinnern Pfarrer Steffen Reiche (geb. 1960) und seine Evangelische Kirchengemeinde Nikolassee mit dem Jochen-Klepper-Jahr. Am 11. Dezember 2012 jährte sich zum 70. Mal der Freitod Jochen Kleppers, seiner jüdischen Frau Johanna und ihrer Tochter Renate. Am 22. März 2013 war Kleppers 110. Geburtstag. Bis November erwarten uns monatliche Vorträge über seine Gedichte und Kirchenlieder.

Am 26. Mai las Steffen Reiche im Potsdamer Jagdschloss Stern aus dem Roman „Der Vater" sowie aus „Der Soldatenkönig und die Stillen im Lande" von Jochen Klepper. Mit der Lesung schlug Pfarrer Reiche eine Brücke zum 300. Thronjubiläum Friedrich Wilhelms I. (1688–1740) und zum 350. Geburtstag des pietistischen Pfarrers und Pädagogen August Hermann Francke (1663–1727). In wirkungsvoller Vortragsweise brachte Steffen Reiche zu Gehör, wie Friedrich Wilhelm I. 1713 mit knapp 25 Jahren die Regierungsgeschäfte übernahm. Unverzüglich verkleinerte der König die Hofhaltung auf ein Mindestmaß. Um Pflichtgefühl und Berufstüchtigkeit im Volke auszubilden, förderte er die Franckeschen Stiftungen in Halle an der Saale. Friedrich Wilhelm I. führte 1717 die allgemeine Schulpflicht in Preußen ein.

Im Beisein von Georg Friedrich Ferdinand Prinz von Preußen, dem heutigen Oberhaupt des Hauses Hohenzollern, erlebten wir am 12. Juni 2013 die feierliche Grundsteinlegung für den Wiederaufbau des Berliner Schlosses, das den Beinamen Humboldt-Forum tragen wird. Wilhelm Freiherr von Humboldt (1767–1835), Leiter des Kultus- und Unterrichtswesens, Staatsminister und Diplomat, legte die Grundlagen für das bis heute bekannte dreigliedrige Schulsystem: Elementarschule für alle, Gymnasium und Universität. Mit der Auffassung, dass in jeder Sprache eine besondere Weltsicht begründet sei, beeinflusste er die Entwicklung der Sprachwissenschaft. Sein Bruder, Alexander Freiherr von Humboldt (1769–1859), Naturforscher und Geograf, trug von seinen weltweiten Forschungsreisen auch reiches Material zur Sprachwissenschaft zusammen. Wir dürfen gespannt sein, wie das Thema „Sprachen und Sprechen" im Berliner Schloss gestaltet wird. Neugierde weckt der öffentliche Zugang zu den Dokumentationen deutscher Mundarten seit 1922 und zu den Tondokumenten in 250 Sprachen.

Im Museum für Kommunikation in der Leipziger Straße ist am 27. September die Ausstellung „Bin ich schön?" eröffnet worden. Nicht nur die Schau über das Schönheitsempfinden, sondern auch das bereits 1898 als Postmuseum eingeweihte Gebäude können sich sehen lassen. Schon Kaiser Wilhelm II. (1859–1941) lobte es mit den Worten: „Gut! Reiner und einfach würdiger Styl!". Die 17 kostbarsten Schätze, darunter die berühmtesten Briefmarken, die Blaue und die Rote Mauritius, leuchten in den Vitrinen der abgedunkelten Schatzkammer im Untergeschoss. In den oberen drei Etagen sind „Themengalerien" mit wertvollen Sammlungen zum Personen-, Waren- und Datenverkehr zu sehen. Die internationale Verständigung per Telegrafie verbesserte Generalpostmeister Heinrich von Stephan (1837–1891) unter anderem im 1850 gegründeten „Deutsch-Österreichischen Telegraphenverein".

Seit dem 12. Mai genießen die Berliner im Österreichpark an der Sömmeringstraße in Charlottenburg eine blühende Verbundenheit mit unserem Nachbarland. Das Geschenk kam aus Kärnten mit Blumen, aus der Steiermark mit Zierapfelbäumen sowie aus dem Salzburger Land und Tirol mit Almbänken, Fernrohr und Steingarten.

Ein solcher Anziehungspunkt ist auch der Köllnische Park in Mitte mit den lebenden Wappentieren Maxi und Schnute im Bärenzwinger. Das Gehege wird nun artgerechter umgestaltet. Wie die Berliner an ihrem Berliner Bär hängen, zeigen auch Berliner Imker, die ihren Honig als „Berliner Bärengold" verkaufen. Und die mächtige Tunnelbohrmaschine, welche unter der Straße Unter den Linden die Röhren für die U-Bahn Linie 5 bohrt, wurde jetzt auf den Namen „Bärlinde" getauft.

Der Glaube an die Stärke des Berliner Bären hat der deutschen Hauptstadt während ihrer wechselvollen Geschichte geholfen. Das versinnbildlicht die beliebte und vielfach aufgestellte Statue „Berliner Bär" der Bildhauerin Renée Sintenis (1888–1965). Die Bronzeplastik ist seit 1957 ein werbender Blickfang im Rasenstreifen der Bundesautobahn 115 zwischen Dreilinden und dem Autobahnkreuz Zehlendorf. Wie ein Wegweiser steht sie seit 1962 auch auf dem Mittelstreifen der Bundesautobahn 9 in Höhe der Anschlussstelle 73 München-Fröttmaning-Süd. Überraschend grüßt den Wanderer im Oberland der Nordseeinsel Helgoland unser standhafter Sintenis-Bär: „Berlin 456 km". Der am weitesten entfernte Sintenis-Bär erhebt sich vor der Deutschen Höheren Privatschule in Windhoek in Namibia. Dieser Meilenstein trägt die Inschrift: „Berlin 11000 km".

Nach seinem Umzug von Mannheim nach Berlin hat sich der Dudenverlag mit der 26. Auflage am 4. Juli leider einen Fehlstart geleistet. Die nunmehr alle vier Jahre wahllos vom Rechner ausgeworfene Wörtersammlung können wir uns sparen. Für die Sprachpflege eignet sich besser der deutsch-schweizerisch-österreichische Anglizismen-Index, ein Verzeichnis mit 7000 englischen oder englisch klingenden Stichwörtern. Mit einem solchen Wörterverzeichnis werden jetzt auch die Mitarbeiter der Deutschen Bahn in der Muttersprache wieder heimisch. Wie das am Potsdamer Platz in Mitte ansässige Unternehmen im Sommer bestätigte, umfasst diese Veröffentlichung 2200 ins Deutsche übersetzte Wörter zur verständlichen Kundenansprache.

Sprache lebt vom Sprechen
Tag der deutschen Sprache in Köthen (Anhalt)

Der Theologe Friedrich Schorlemmer hielt die abendliche Rede zur deutschen Sprache im Anna-Magdalena-Bach-Saal des Veranstaltungszentrums Schloss Köthen am 14. September, dem Tag der deutschen Sprache.

Dass Sprache vom Sprechen lebt, spürten die Zuhörer bereits am Nachmittag als die Preisträger des diesjährigen Schülerschreibwettbewerbs „Mein schönster Wortschatz" ihre Beiträge vortrugen. Sie sind in der Broschüre „Preisträger 2013" veröffentlicht. Die Arbeiten lesen sich sehr schön. Doch den vollen Glanz verliehen ihnen die jungen Autoren aus Deutschland, Österreich, Italien und Peru mit ihrer Lesung um 15 Uhr. Schon am Vormittag lernten sie sich während der Sprechwerkstatt kennen und feilten am Vortragsprogramm. Höhepunkt war die szenische Lesung der „Zusammenkunft der Wortarten oder Welche ist die wichtigste?". Das Publikum im Saal war überrascht vom kurzweiligen lehrreichen Auftritt der Wortarten. Die Gedichte und Geschichten über Lieblingswörter und Wortschöpfungen offenbarten das Sprachgefühl der jungen Preisträger aus der dritten bis dreizehnten Klasse. Köthens Oberbürgermeister Kurt-Jürgen Zander verlieh den Sonderpreis an eine Peruanerin, die sich in Köthen auf ihr Studium in Deutschland vorbereitet hat, für ihre Geschichte „Frühlingserwachen". Er bezeichnete in seiner Begrüßungsrede den alljährlichen Schülerschreibwettbewerb als „sein Lieblingskind". Sachsen-Anhalts Kulturstaatssekretär Dr. Jan Hofmann lobte Köthen als „Mekka der deutschen

Sprache" und dankte allen beteiligten Lehrern und Eltern. Die Erste Vorsitzende der Neuen Fruchtbringenden Gesellschaft, Professorin Uta Seewald-Heeg, erweiterte diesen Dank an die Theo-Münch-Stiftung für die deutsche Sprache, die Kreissparkasse Anhalt-Bitterfeld, das Preisgericht unter dem Vorsitz von Sabine Brzezek und den Sprecherzieher Lienhard Hinz. Den schmückenden Rahmen gestalteten Chor und Tanzgruppe des Ludwigsgymnasiums unter der Leitung von Angela Groß und Ute Schröder.

Den musikalischen Auftakt für die Rede Friedrich Schorlemmers gab die Instrumentalgruppe von Dr. Hans-Peter Wolf. Sprachbewusstsein schärfen bedeutet für Professorin Uta Seewald-Heeg auch, Martin Luther neu zu entdecken. Dies gelang dem Festredner Friedrich Schorlemmer mit seinem Lob der Leistung Luthers bei der Bibelübersetzung. 450 geflügelte Worte stammen aus der Lutherbibel. Der schöne Wortschatz ist da, wird im Alltag aber kaum genutzt. Die Sprache darf in der beschleunigten, technisierten Mediengesellschaft nicht verkümmern. Trotz einer Fülle von Beispielen für die Sprachverarmung in der Gegenwart sind wir nach Friedrich Schorlemmer zwar „sprachentwöhnt aber nicht sprachunfähig". Ganz im Sinne der Neuen Fruchtbringenden Gesellschaft sind die Schlussfolgerungen des Redners: Der Sprache die Treue halten heißt sie pflegen. Sprache lebt vom Sprechen.

Winter 2013

Bericht aus Berlin
Deutsche Sprache, Identität und Kultur

Die „Berliner Morgenpost" will Fremdwörter vermeiden. In seiner Antwort auf einen Leserbrief schreibt Chefredakteur Carsten Erdmann, dass es „wieder an der Zeit ist, alle Redakteure in der Redaktionskonferenz an dieses Selbstverständnis zu erinnern". Hintergrund waren mehr als 50 englische Wörter und Wortgruppen in einer einzigen Ausgabe.

Die „Morgenpost" würdigte den Rätselautor Manfred Stock. In fünfzig Jahren hat er sich mehr als 9000 Rätsel ausgedacht. Berühmt geworden ist er unter anderem durch die Berliner Zeitschriften „Troll" und „Das Magazin". Stock schöpft in den Denkaufgaben aus der deutschen Sprache. Er schreibt das Wort „Zentrum" mit „Z" und sagt „Kind" und „Laden". Für die Lösungswörter seiner Rätsel verwendet er das ß und die Umlaute ä, ö, ü und vermeidet zweibuchstabige Begriffe. Manfred Stock bevorzugt nach wie vor die „handgemachten" und bedauert die mangelnde Qualität der mit dem Rechner gebauten Rätsel.

Für den Erhalt der deutschen Wissenschaftssprache setzt sich der in Berlin ansässige „Arbeitskreis Deutsch als Wissenschaftssprache" (ADAWIS) ein. Im Januar dieses Jahres hat er sich mit dem Berliner „Arbeitskreis Deutsche Sprache in der Medizin" zusammengeschlossen. Die sprachbewussten Wissenschaftler machen auf ihrer Netzseite www.adawis.de auf den Bundestagsbeschluss „Deutsche Sprache fördern und sichern" aufmerksam. Dieser Beschluss wurde am Ende der vergangenen Legislaturperiode am 27. Juni 2013 angenommen. Der Bundestag warnt darin vor dem Bedeutungsverlust der Wissenschaftssprache Deutsch, denn durch ihn geraten wichtige Beiträge der deutschsprachigen Wissenschaft aus dem Blick. Er stellt fest: „Die deutsche Sprache ist laut Abschlussbericht der Enquete-Kommission ‚Kultur in Deutschland' (Bundestagsdrucksache 16/7000, S. 408) ‚das prägende Element der deutschen Identität' und Kultur. Ihre Vielfalt und Schönheit zeigt sich nicht zuletzt in den großen und traditionsreichen Werken der deutschsprachigen Literatur."

Davon zeugen die derzeitigen literarischen Höhepunkte in der Hauptstadt. Dem 250. Geburtstag von Jean Paul (1763–1825) ist die erste große Einzelausstellung gewidmet, die bis zum 29. Dezember 2013 das Gesamtwerk des deutschen Dichters umfänglich vorführt. Die Staatsbibliothek zu Berlin - Preußischer Kulturbesitz und die Berlin-Brandenburgische Akademie der Wissenschaften gaben der Ausstellung im Max-Liebermann-Haus am Brandenburger Tor den Namen „Dintenuniversum". Das „Universum aus Tinte" will den wortgewaltigen und sprachschöpferischen Dichter mit Bildnissen, Handschriften, Zettelkästen und Manuskripten für die Gegenwart erschließen. Den Nachlass von 40000 Seiten betreut die Berliner Staatsbibliothek.

Zur feierlichen Übergabe des Nachlasses von Otfried Preußler (1923–2013) hatte die Staatsbibliothek am 22. Oktober in ihr Haus Potsdamer Straße 33 eingeladen. Im Foyer war zum 90. Geburtstag des Schriftstellers fünf Tage lang die Ausstellung „Manuskripte, Kinderbücher und Briefe" zu sehen. Literarische Kostproben in der Festveranstaltung boten Carola Pohlmann, Leiterin der Kinder- und Jugendbuchabteilung, mit dem Vortrag „Hotzenplotz im Lesesaal – ein kinderliterarischer Nachlass in der Staatsbibliothek zu Berlin" und die Schauspielerin Ruth Macke mit der Lesung aus Otfried Preußlers königlich-böhmischem Weihnachtsroman „Die Flucht nach Ägypten".

Mit einem geografischen Abenteuer beginnt für den Leser die Geschichte der Heiligen Familie auf der Flucht nach Ägypten, so wie sie Otfried Preußler aufgeschrieben hat. Der Vater vom Räuber Hotzenplotz, von Krabat und der Kleinen Hexe wurde im nordböhmischen Reichenberg, dem heutigen Liberec, geboren. Seine beiden Großmütter bezeugen, dass Josef und Maria mit dem Jesuskind auf der Flucht vor König Herodes von Bethlehem nach Ägypten über den nördlichen Teil des Königreichs Böhmen zu Fuß gezogen waren. Dabei erzählt Otfried Preußler in barock-böhmischer Sprache mit immer neuen Abschweifungen die Geschichten der Menschen im Erz- und Riesengebirge.

Mit seiner natürlichen und lebendigen Sprache begeistert auch der Berliner Kinder- und Jugendbuchautor Klaus Kordon (geb. 1943) Leser und Zuhörer. Nach seinem 70. Geburtstag wurde Klaus Kordon zum Nationalfeiertag mit dem „Großen Verdienstkreuz des Verdienstordens der Bundesrepublik Deutschland" geehrt. Bundespräsident Joachim Gauck würdigte besonders den autobiografischen Berlin-Roman „Krokodil im Nacken", in dem es um Gewissenstreue geht.

„Sein besseres Ich war das, sein Gewissen, dieses Krokodil mit den riesengroßen, aber eben nicht nur damit knirschenden Zähnen."

Kinder und Jugendliche aus Deutschland, Österreich, Italien, Bulgarien, Peru, den Vereinigten Staaten von Amerika und anderen Ländern beteiligen sich jedes Jahr mit literarischen Arbeiten am Schülerschreibwettbewerb „Schöne deutsche Sprache" der Neuen Fruchtbringenden Gesellschaft zu Köthen/Anhalt. Für 2014 ist das Thema „Träume werden Wirklichkeit" ausgeschrieben.

Frühling 2014

Bericht aus Berlin
Im Geist Chamissos und Heines

„Berlin.
Im Jahr 1831
Du, meine liebe deutsche Heimat, hast,
    Worum ich bat, und mehr noch mir gegeben …
Ich habe nicht zu bitten, noch zu klagen,
    Dir nur aus frommem Herzen Dank zu sagen. –“

Adelbert von Chamisso (1781–1838) – ein französischer Emigrant – lernte mit 15 Jahren Deutsch. In Berlin wurde er ein berühmter Dichter und geehrter Naturforscher. Ein Jahr vor der Entstehung dieses Gedichtes traf er in Hamburg mit Heinrich Heine (1797–1856) zusammen, dem späteren deutschen Emigranten in Paris. Nach mehr als zwölf Jahren im französischen Exil zog es Heine nach Deutschland. In seinem „Wintermärchen" bekennt er:

„Und als ich die deutsche Sprache vernahm,
Da ward mir seltsam zumute;
Ich meinte nicht anders, als ob das Herz
Recht angenehm verblute."

Mit dem Adelbert-von-Chamisso-Preis ehrt die Robert-Bosch-Stiftung ausländische Autoren, die in deutscher Sprache schreiben. Die Preisträgerinnen des Jahres 2014 leben und arbeiten als Schriftstellerinnen in Berlin. Ann Cotten, 1982 in den USA geboren und in Österreich aufgewachsen, erhält den Preis für ihr Gesamtwerk, insbesondere für ihren Erzählungsband

„Der schaudernde Fächer". Förderpreise gehen an Dana Ranga, 1964 in Rumänien geboren, für ihren Gedichtband „Wasserbuch" und an Nellja Veremej, geboren 1963 in Russland, für ihren Roman „Berlin liegt im Osten". Im Geist Adelbert von Chamissos haben die Preisträgerinnen Berlin zu ihrer Heimat gewählt und entfalten ihre Poesie in der deutschen Sprache.

Von Heines Geist beseelten Dichtern erfahren wir in der Gedenkstätte Berlin-Hohenschönhausen in der Genslerstraße. In dem Geheimdienstgefängnis (1945–1989) gefangen gehalten waren auch Schriftsteller. Zeugnisse geben sie in ihren Werken: Jürgen Fuchs (1950–1999) in „Gedächtnisprotokolle", Klaus Kordon (geb. 1943) in dem Berlin-Roman „Krokodil im Nacken", Freya Klier (geb. 1950) in „Abreiß-Kalender. Ein deutsch-deutsches Tagebuch" und Stephan Krawczyk (geb. 1955) in „Wieder stehen. Lieder und Texte".

Vom 24. November 2013 bis zum 23. März 2014 widmet das Georg-Kolbe-Museum in der Nähe des S-Bahnhofes Heerstraße der Berliner Bildhauerin Renée Sintenis (1888–1965) anlässlich ihres 125. Geburtstages eine umfassende Einzelausstellung. Der Schriftsteller Joachim Ringelnatz (1883–1934) verfasste für die Bildhauerfreundin eine Reihe von liebevoll augenzwinkernden Gedichten. Das Gedicht „Im Park" ist durch den Schauspieler Otto Sander (1941–2013) besonders bekannt und beliebt geworden. Unter einer schönen großen Schrifttafel mit dem Gedicht steht in der Ausstellung die Tierfigur – das Reh. Die bekannteste Skulptur von Renée Sintenis ist der Berliner Bär.

Als Goldene und Silberne Bären waren die Statuetten wieder die Filmpreise der Berliner Filmfestspiele.

Seit Januar kämpft die Stadt Berlin endlich um den Nachlass des Schauspielers August Wilhelm Iffland (1759–1814), der von 1796 bis 1814 das Königliche Nationaltheater Berlin leitete. An diesem nationalen Kulturgut aus dem Bestand des ehemaligen Theatermuseums Berlin (1929–1944) konnte sich ein Theaterwissenschaftler ungehindert mit Hilfe des Antiquariatshandels bereichern. In den vom Wiener Antiquariat Inlibris gekauften 34 Bänden fehlt ausgerechnet der Briefwechsel Ifflands mit Johann Wolfgang von Goethe (1749–1832) und Friedrich von Schiller (1759–1805). Am 26. März traf ein Lastwagen aus Wien von dem Antiquariat Inlibris mit den 34 Bänden Briefen, Verträgen, Notizen und Theaterakten im Landesarchiv Berlin ein. Der Wiener Händler willigte in eine „unwiderrufliche Schenkung" ein. Die Umstände sind so beschämend, dass die Kulturstaatsministerin eine Novellierung des „Gesetzes zum Schutz national wertvollen Kulturguts" noch in dieser Legislaturperiode verspricht.

„Berlin hat neuerdings durch die Aufstellung der brandenburgischen Herrscher einen neuen Schmuck bekommen ... Die Siegesallee bietet einen prächtigen Anblick dar mit ihren glänzenden, weißen Denkmälern und ihren gärtnerischen Anlagen, die gerade jetzt mit ihrem prächtigen Grün hervortreten." So beginnt ein Schüler des Joachimsthalschen Gymnasiums in Wilmersdorf am 6. Mai 1901 seinen Aufsatz über die Siegesallee im Tiergarten. Die damals beliebte und heute nicht mehr erkennbare Flaniermeile erstreckte sich vom heutigen Platz der Republik entlang der jetzigen Verbindungsstraße bis zum Kemperplatz. Im Juli 1947 wurden die Skulpturen der Siegesallee im Tiergarten abgetragen. Nach Jahrzehnten des Vergrabens und Umlagerns werden die geretteten Marmorstandbilder der Fürsten Brandenburgs und Preußens in diesem Jahr 2014 im Proviantmagazin der Zitadelle Spandau aufgestellt. Die neue Dauerausstellung „Enthüllt – Berlin und seine Denkmäler" fördert Geschichtsverständnis und Kunstsinn beim Betrachten der 26 erhaltenen Hauptfiguren und 40 Büsten. Schöpfer der Siegesallee waren unter Leitung des Architekten Gustav Halmhuber (1862–1936) berühmte Künstler wie Karl Begas der Jüngere (1845–1916) und Alexander Calandrelli (1834–1903). Friedrich der Große von Joseph Uphues „schreitet leicht dahin, seine Beinbewegung ist graziös und läßt den Dichter und geistvollen Mann erkennen", schreibt der besagte Gymnasiast in seinem Hausaufsatz zum Thema „Die Beinstellung der Denkmäler in der Siegesallee". Das Aufsatzthema vergab der Altphilologe Gymnasialprofessor Dr. Otto Schroeder (1851–1937), Verfasser bedeutender wissenschaftlicher Studien zur griechischen und römischen Dichtung. Vier von ihm als „durchschnittlich" bewertete Schulaufsätze hat Kaiser Wilhelm II. als Stifter der Siegesallee mit persönlichen Bemerkungen versehen. Deshalb bewahrt sie noch heute das Geheime Staatsarchiv Preußischer Kulturbesitz auf. Übrigens könnte man dem Alten Fritz auf der Straße Unter den Linden in voller Uniform mit schepperndem Degen begegnen. Der Historiker Dr. Olaf Kappelt verkörpert Friedrich den Großen überzeugend. Als bekannter Berliner Stadtführer gilt er als einer der letzten lebenden Originale.

Freuen wir uns über die Besucherrekorde in der deutschen Hauptstadt und die steigenden Teilnehmerzahlen an den Deutschkursen fast überall auf der Welt, die das Goetheinstitut verzeichnet. Im Weltnetz finden wir einen deutschsprachigen Lehrplan für das Fach Deutsch des Sommerinstituts der Universität Massachusetts in den USA und dazu den Entwurf einer Deutschstunde zu dem Lied „Mein Berlin" von Reinhard Mey mit didaktischen Schritten, Bearbeitung des Liedes und Vokabelliste für jede Strophe. Das Bekenntnis von Reinhard Mey zu seiner Heimatstadt nach der von ihm durchlebten Nachkriegs- und Mauerzeit endet mit einem Lobpreis:

Das ist mein Berlin.
Gibt´s ein schön´res Wort für Hoffnung,
aufrecht gehen, nie mehr knien!?
Das ist mein Berlin.

Heimat in der Sprache

Die wahre Heimat ist eigentlich die Sprache. Köthen: Neue Fruchtbringende Gesellschaft 2014 (=Unsere Sprache. Beiträge zur Geschichte und Gegenwart der deutschen Sprache. Schriftenreihe der Neuen Fruchtbringenden Gesellschaft zu Köthen/Anhalt, Band 5: Dem Schmackhaften), 184 S., 8,50 Euro

Als Sinnspruch für den Band 5 der Schriftenreihe „Unsere Sprache" wählte Uta Seewald-Heeg, Erste Vorsitzende der Neuen Fruchtbringenden Gesellschaft, Gedanken Wilhelm von Humboldts. In einem Brief an seine Freundin Charlotte Diede schrieb er im

August 1827: „Die wahre Heimat ist eigentlich die Sprache. Sie bestimmt die Sehnsucht danach, und die Entfernung vom Heimischen geht immer durch die Sprache am schnellsten." Beide Sätze bilden das Thema der hier veröffentlichten Vorträge des Köthener Sprachtages 2012 und der Rede zur deutschen Sprache des Jahres 2011. Das Heimische erklingt im Eröffnungsvortrag „Die Fruchtbringende Gesellschaft zwischen Literatur- und Nationalsprache". Der kenntnisreiche Quellenforscher Klaus Conermann erinnert an die acht Jahrhunderte alte anhaltische Fürstenwürde seit Minnesänger Herzog Heinrich von Anhalt. Er überrascht mit seinen Entdeckungen zu Hochsprache und Mundart in den Werken der Fruchtbringer und August Heinrich Hoffmann von Fallerslebens. Die Entfernung vom Heimischen und die daraus entstehenden Konflikte und zwiespältigen Gefühle offenbart der deutsch-tschechische Dichter Ota Filip in seiner Rede zur deutschen Sprache „Über Vertreibungen von Literaturen und über Glanz, Gloria und Misere des Exils und der schreibenden Exilanten", dem Schlussbeitrag.

„Ich bin weder ein Baum, noch eine zarte … Zierpflanze, ich habe keine Wurzel nötig", beteuert Ota Filip. Im 17. Jahrhundert wählte die Fruchtbringende Gesellschaft als Emblem die Kokospalme und als Sinnspruch „Alles zu Nutzen.", weil von der Palme alles verwertbar sei. „Ohne das Vorbild der Crusca hätte es die Fruchtbringende Gesellschaft von 1617 nicht gegeben, ohne sie nicht die Neue Fruchtbringende Gesellschaft von 2007." So beginnt Harro Stammerjohann seinen geschichtlichen Bilderbogen der heute noch blühenden Florentiner Accademia della

Crusca seit 1583. Schon im Jahr 1600 nahm sie den späteren Fürsten Ludwig von Anhalt-Köthen auf. Er wirkte an ihrem 1612 erschienenen ersten Nationalwörterbuch einer Sprache. Fünf Jahre später gehörte der Fürst zu den Gründern der Fruchtbringenden Gesellschaft in Weimar und wurde zu ihrem ersten Oberhaupt gewählt. Die berühmteste Sprachakademie ist für Harro Stammerjohann die 1635 gegründete und noch immer bestehende Akadémie Française. Laurent Knepfler erwähnt sie jedoch nur kurz in seinem umfangreichen Abriss mit dem Titel „Die staatliche Sprachpolitik Frankreichs vom Edikt von Villers-Cotterets 1539 bis zum Toubon-Gesetz von 1994". Während das Edikt 1539 Französisch zur alleinigen und ausschließlichen Amtssprache erklärt und in Frankreich immer noch gültiges Gesetz ist, konnte Weißrußland seine Sprache Belarusisch/Belarussisch erst 1990 in einem Gesetz schützen. Vincuk Viačorka erhellt in seinem Vortrag „Das Phänomen des Belarusischen: Trotz oder dank des Rechtsstatus?" die wechselvolle sprachpolitische Geschichte seines Landes. Den Gebrauch der 23 Nationalsprachen in den Institutionen der Europäischen Union vergleicht Dietrich Voslamber.

Der Band 5 ist gleichzeitig Tagungsband zum Jubiläum „800 Jahre Anhalt". Diesem Anlass werden der mundartgeschichtliche Vortrag von Saskia Luther und der Vortrag von Andreas Erb über die Fürstlich Anhaltische Deutsche Gesellschaft in Bernburg gerecht.

Getreu dem Aufbau der Schriftenreihe ist der Band 5 der Mitgliedsnummer 5 im Gesellschaftsbuch der Fruchtbringenden Gesellschaft, dem Köthener Erzschrein, gewidmet. Herzog Wilhelm IV. von Sachsen-Weimar erhielt beim Eintritt in die Gesellschaft den Gesellschaftsnamen „Der Schmackhafte". Mit seiner Übernahme der Gesellschaftsführung 1651 erlangte in der Sprachpflege zum ersten Mal der Sprachgeschmack Bedeutung, nachzulesen im Beitrag „Akademie, Kritik und Geschmack" im Band 1 (2008) der Schriftenreihe. Dies ist der Vortrag von Klaus Conermann anlässlich der Gründung der Neuen Fruchtbringenden Gesellschaft zu Köthen/Anhalt am 19. Januar 2007.

Die Schriftenreihe wird sich nicht in den fünf Bänden erschöpfen. „Unsere Sprache" empfiehlt sich einem großen Leserkreis, der sich in der Muttersprache beheimatet fühlt.

Sommer 2014

Bericht aus Berlin
Geist und Buchstabe

„Vom Stein-Platz
zu Charlottenburg

Ihr, die man ein Kulturvolk heißt,
wagts doch, Kultur zu haben!
Und dankt dem Bildner Stein im Geist
Und nicht nach dem Buch-Staben!"

Christian Morgenstern (1871–1914) empört sich darüber, dass die von dem Tierbildhauer August Gaul (1869–1921) geschaffene Brunnenfigur „Trompetender Elefant" nicht aufgestellt wurde. Gaul hatte 1904 den Wettbewerb für einen Brunnen am Steinplatz zu Ehren des preußischen Staatsmannes und Reformers Reichsfreiherrn vom und zum Stein (1757–1831) gewonnen. Im 100. Todesjahr des Dichters Christian Morgenstern bleibt sein Aufruf frisch, Kultur zu wagen, sich am Geist zu halten und nicht am Buchstaben zu kleben.

Am 2. März 2014 verhinderten geistloses Gebrüll und sinnlose Bedrohung das Foyergespräch der Zeitschrift „Cicero" im Brechttheater Berliner Ensemble am Schiffbauerdamm. Nach dem Abbruch der Veranstaltung bekamen zweihundert diskussionsfreudige Leser des Erfolgsautors Thilo Sarrazin (geb. 1945) ihr Eintrittsgeld zurück. – Wo ist die Streitkultur geblieben? Ausgerechnet mit dem Gesellschaftskritiker Bertolt Brecht (1898–1956) rechtfertigten die Veranstaltungsgegner diese Meinungsunterdrückung. Dabei hatte doch gerade Brecht in den Jahren des Exils, 1933–1947, „Fünf Schwierigkeiten beim Schreiben der Wahrheit" formuliert:

„Wer heute die Lüge und Unwissenheit bekämpfen und die Wahrheit schreiben will, hat zumindest fünf Schwierigkeiten zu überwinden: Er muß den Mut haben, die Wahrheit zu schreiben …; die Klugheit, sie zu erkennen …; die Kunst, sie handhabbar zu machen …; das Urteil jene auszuwählen, in deren Händen sie wirksam wird; die List, sie unter diesen zu verbreiten. Diese Schwierigkeiten sind groß … ja sogar für solche, die in den Ländern der bürgerlichen Freiheit schreiben."

Erinnert sei auch an die spöttischen Worte in Brechts Gedicht „Die Lösung" nach dem Volksaufstand des 17. Juni 1953: „Wäre es da / Nicht doch einfacher, die Regierung / Löste das Volk auf und / Wählte ein anderes?"

Dennoch zeigt sich bei beiden Gesellschaftskritikern die Verbundenheit mit Partei und Regierung. Thilo Sarrazin könnte mit seinen Millionen Lesern in einen Galgenhumor verfallen in Anlehnung an die tiefsinnigen Galgenlieder des Christian Morgenstern. Geflügelte Worte sind die letzten Verszeilen in Morgensterns Gedicht „Die unmögliche Tatsache":

„Und er kommt zu dem Ergebnis:
‚Nur ein Traum war das Erlebnis.
Weil', so schließt er messerscharf,
‚nicht sein kann, was nicht sein darf.'"

Unsere Kultur feierte die Stiftung Preußischer Kulturbesitz am 4. März 2014 mit einem Festakt in der Berliner Staatsbibliothek Unter den Linden. Im Rara-Lesesaal bewunderten die Festgäste die Schönheit der Handschrift und der bildlichen Darstellungen in den „Amerikanischen Reisetagebüchern" (1799–1804) Alexander von Humboldts (1769–1859). 4000 handgeschriebene Seiten mit Zeichnungen, Tabellen und Querverweisen über Botanik, Astronomie, Geografie und Philosophie hat die Stiftung für viel Geld von den Humboldt-Erben erworben, die damit das Humboldt-Schloss Tegel erhalten und pflegen wollen.

Zum Nachdenken über die Handschrift regt auch das Berlin-Brandenburgische Wirtschaftsarchiv am Berliner Eichborndamm an. Für ein Buch über die Erfahrungen des Schiffsarztes Dr. Alfred Abenhausen von der Reederei Norddeutscher Lloyd haben Senioren seine Briefe und Tagebücher aus der Sütterlinschrift in heutige Druckschrift übertragen. Vor 100 Jahren schuf der Grafiker Ludwig Sütterlin (1865–1917) für Schulanfänger die Deutsche Ausgangsschrift (gültig 1914–1941). Damit handgeschriebene Briefe, Urkunden und andere wertvolle Zeitdokumente in deutscher Schrift erhalten bleiben, sollten die Kultusminister der deutschen Schrift im Lehrerstudium und in den Lehrplänen einen bescheidenen Platz einräumen.

Von diesem Geist lässt sich der Bund für deutsche Schrift und Sprache (www.BfdS.de) leiten. Mit einer „Schreibschule der deutschen Schrift" zum Selbstlernen und landesweiten Schreibwerkstätten „Deutsche Schrift" zeigt der Bund für deutsche Schrift und Sprache unter dem Dach der Neuen Fruchtbringenden

Gesellschaft zu Köthen/Anhalt, dass mit der Sütterlinschrift sich leicht weitere deutsche Schriften lesen und schreiben lassen.

Lassen wir nach Geist und Buchstaben die Fragezeichen nicht verstummen! Wie „Im Reich der Interpunktionen" von Christian Morgenstern haben wir nicht „den goldenen Frieden":

„Die einzigen, die stumm entweichen
(wie immer), sind die Fragezeichen."

Richtig schreiben durch richtiges Sprechen

Schon die Sprachpfleger im 17. Jahrhundert wünschten sich „… daß man die Hochdeutsche Sprache … auffs möglichste und thunlichste erhalte / uñ sich so wohl der beste(n) außsprache im reden / alß d(er) reinesten art im schreiben" (Conermann 2008, 30) befleißige. Das ist ein Zitat aus dem Gesellschaftsbuch der historischen Fruchtbringenden Gesellschaft. Klaus Conermann brachte es in seinem Gründungsvortrag der Neuen Fruchtbringenden Gesellschaft im Jahr 2007, nachzulesen im Band 1 der Schriftenreihe „Unsere Sprache".

In den Vorträgen des 8. Köthener Sprachtages wurde das Für und Wider der Rechtschreibreform erörtert. Dabei ging es nur um die Norm der geschriebenen Sprache. Doch im Leben steht vor dem Schreiben das Sprechen.

Zusammenhang von Sprechen und Schreiben

Verlangten die Fruchtbringer die beste Aussprache im Reden, so forderte Wilhelm von Humboldt zweihundert Jahre später Lebendigkeit und Feinheit der Lautbildung. Im Jahr 1824 hielt er in Berlin vor der Königlichen Akademie der Wissenschaften seinen berühmten Vortrag „Ueber die Buchstabenschrift und ihren Zusammenhang mit dem Sprachbau". Hier finden wir die Erkenntnis: „Richtigkeit der intellectuellen Ansicht der Sprache, von Lebendigkeit und Feinheit zeugende Bearbeitung ihrer Laute, und Buchstabenschrift erheischen und befördern sich … gegenseitig, und vollenden, vereint, die Auffassung und Bildung der Sprache in ihrer ächten Eigenthümlichkeit" (Trabant 2010, 181). Wie kann besser der enge Zusammenhang von Mündlichkeit und Schriftlichkeit formuliert werden.

Mit den folgenden Begriffspaaren zeige ich, dass dem richtigen Schreiben das richtige Sprechen vorangeht:

Orthoepie – Orthografie
Rechtlautung – Rechtschreibung
Sprecherziehung – Schreiberziehung

Das deutsche Begriffspaar Rechtlautung – Rechtschreibung verdeutlicht gegenüber dem lateinischen anschaulicher, dass es neben der richtigen Schreibung auch eine richtige Aussprache gibt, die ebenso in einem Wörterbuch geregelt ist. Die Rechtlautung finden wir im „Duden. Das Aussprachewörterbuch" und die Rechtschreibung im „Duden. Die deutsche Rechtschreibung".

In der Schreiberziehung werden heute bewährte Schreibregeln und auch der Gesichtspunkt der Erziehung in Zweifel gezogen. Deshalb möchte ich als Sprecherzieher den Beitrag der Sprecherziehung zum richtigen Schreiben glaubhaft machen. Mit der Erziehung zu Regeln und Normen fördert der Sprecherzieher Stimmgesundheit, Stimmklang und vor allem Freude am Sprechen. Daraus ergibt sich der Ehrgeiz, auch richtig zu schreiben.

Standardaussprache als Gebrauchsnorm

Die Standardaussprache „ist eine Gebrauchsnorm, die sich nicht nur durch den Einfluss der Orthographie, sondern auch durch den der Massenmedien im 20. Jahrhundert durchgesetzt hat" (Hirschfeld/Stock 2006, 94). Sie gewinnt für alle Menschen an Bedeutung durch Diktiersoftware, Sprachdialogsysteme und Telefongespräche.

Die Standardaussprache ist ohne unnötige Belastungen der Stimme klar verständlich und überregional gültig. Die im Aussprachewörterbuch veröffentlichte Gebrauchsnorm ist verbindlich für die öffentliche Kommunikation. Die „Entwicklungstendenz weg vom Dialekt hin zur Umgangssprache, die dann situationsgebunden mal standardnah oder mal mundartnah sein kann, ist in allen Städten, aber auch bereits im ländlichen Gebiet seit Beginn des 20. Jahrhunderts zu beobachten." (Luther 2014, 191), betonte Saskia Luther in ihrem mundartgeschichtlichen Vortrag „Zwiwwel oder Bolle – Die deutsche Sprache in Anhalt und anderswo" anlässlich des 6. Köthener Sprachtages 2012, der im Band 5 der Schriftenreihe „Unsere Sprache" veröffentlicht ist.

Im folgenden Beispiel wäre wohl die standardnahe Umgangssprache verständlicher gewesen.

Eine Fluggesellschaft bietet Eltern einen Betreuungsdienst an, wenn sie ihr Kind allein reisen lassen möchten. Das allein reisende Kind kann man telefonisch buchen. Ein deutscher Kunde dachte bei der Buchung wohl an die englische Bezeichnung „unaccompanied minor" (unbegleitetes Kind). Er bestellte in seiner Mundart am Telefon den „Service fürs unbekleidete Kind" und erhielt von der ausländischen Mitarbeiterin der Fluggesellschaft die Antwort: „Ihr Kind ziehen Sie bitte an."

Verbesserung der Rechtschreibung durch Standardaussprache

Wie Mundart auch das Schreiben erschweren kann, zeigt das folgende Beispiel. Eine Familie zieht um, aus einer Stadt im Land Brandenburg in eine Stadt im Land Sachsen-Anhalt. Ihr Kind wird im neuen Wohnort eingeschult und lernt lesen und schreiben. Die Schulanfänger in der Klasse freuen sich, wenn sie die Lehrerin auffordert, statt ins Heft mal ein Wort an die Tafel zu schreiben. Als jemand Oba statt Opa anschreibt, lacht das Kind aus Brandenburg. Die Lehrerin fragt nach, warum. Das Kind erklärt ihr stolz, der Oba sei ein Kellner. Die Lehrerin schreibt das Wort Ober an die Tafel und spricht die Endung nicht wie ein A, sondern wie ein vokalisiertes R. Das hört sich so an wie die Endungen in den Wörtern Roller und Wasser.

Alle Schüler sprechen mit der Lehrerin im Chor die Wörter Ober, Roller und Wasser. Das vokalisierte R [ɐ] der Endung ist ein Laut, bei dem die beabsichtigte Schwingung wie beim Zäpfchen-R und Zungenspitzen-R nicht zustande kommt. Dann üben die Kinder die Aussprache der Wörter Ober und Opa und sprechen sie gegen den Handrücken. Dabei bemerken sie den stärkeren Luftstrom beim P-Laut. Die Schulanfänger fühlen und erkennen auch den phonetischen und semantischen Unterschied bei den Wörtern Gepäck und Gebäck, Pass und Bass.

An dieser Begebenheit zeigt sich, dass vor oder zumindest gleichzeitig mit dem Schreibenlernen auch die Standardaussprache geübt werden sollte. Kinder hören sie schon frühzeitig in Radio- und Fernsehsendungen. Der Schreibunterricht sollte mit Ausspracheunterricht verknüpft werden. Sprecherziehung fördert Schreiberziehung.

Im Schreibunterricht lernen die Kinder, gesprochene in geschriebene Sprache zu übertragen. Ihnen hilft dabei das Handschreiben in einer gebundenen Schreibschrift. Die Grafikerin Renate Tost hat auch in jüngster Zeit darauf hingewiesen, dass es darum geht, durch die Sicherheit im Buchstabenverbinden „die Aufmerksamkeit auf Orthographie und Textproduktion zu lenken" (Hinz 2012, 3). Renate Tost und Elisabeth Kaestner entwickelten in den 1960er Jahren die Schulausgangsschrift. In ihrem Buch „Schreibunterricht" stellen sie fest, dass Kinder, „die sorgfältig schreiben, zumeist auch die Rechtschreibung besser beherrschen als andere" (Kaestner/Tost 1986, 64). In diesem Werk finden wir auch methodische Hinweise, wie die Aufmerksamkeit und Schreibgeschwindigkeit durch Mitsprechen gesteigert werden können. Wir bemerken, welche Bedeutung die beiden Autorinnen dem Sprechen im Schreibunterricht zuerkennen: „Bevor die Kinder schreiben, erläutert der Lehrer, wie wichtig es ist, das Wort beim Schreiben leise mitzulautieren" (Kaestner/Tost 1986, 68).

Diese Orientierung an der Lautung, die Mundbewegungen schreibender Kinder können wir auch bei unseren alljährlichen Schreibwerkstätten am Köthener Sprachtag erkennen. Dieses Sprechschreiben erleichtert auch den Fremdsprachenerwerb. Beim späteren stummen Schreiben bleibt die unlösbare Einheit von Lautung und Schreibung durch das innere Mitsprechen erhalten. Wenn wir überlange oder schwierige Wörter schreiben, sprechen wir sogar laut mit. Eine gute rhythmische Gliederung hilft bei der Zeichensetzung.

Richtiges Sprechen in Kindertagesstätten und Grundschulen

Sprechen beginnt mit der Geburt. Der frühe Spracherwerb erfolgt unbewusst. Die folgenden Phasen lassen sich unterscheiden:

erste vier Monate:
vokalartige, am Gaumen gebildete Laute

fünf bis zehn Monate:
Lallen und Babbeln (Silben)

zehn bis 15 Monate:
erste Wörter (Einwortäußerungen)

mit 18 Monaten:
etwa 50 Wörter (Zweiwortäußerungen)

mit zwei Jahren:
etwa 200 Wörter (Mehrwortäußerungen)

bis zum Schulbeginn:
richtige Aussprache aller Laute

Die Sprechfähigkeit des Kindes beginnt im ersten Lebensjahr mit dem Kontakt des Säuglings zu seiner Umgebung. In dem Moment, wenn die Kinder zu sprechen beginnen, werden sie von ihren Eltern einer Kindertagesstätte anvertraut. Eine Hauptaufgabe der Erzieherinnen ist es hier, das Sprechen der Kinder in allen drei Altersstufen (Unter Dreijährige, Drei- bis Fünfjährige, Vorschulkinder) anzuregen und gezielt zu fördern. Die Sprachförderung wird den Sprechfertigkeiten in den drei Altersstufen angepasst und ist Bestandteil der Bildungsarbeit der Kindertagesstätten.

Der hohe Stellenwert der Sprachförderung wird im Kinderförderungsgesetz des Landes Sachsen-Anhalt deutlich. Im Paragraph 5 heißt es im zweiten Absatz: „Die Bildungsarbeit der Tageseinrichtungen unterstützt die natürliche Neugier der Kinder, fordert Bildungsprozesse heraus, greift Themen der Kinder auf und erweitert sie. Sie schließt die geeignete Vorbereitung des Übergangs in die Grundschule ein. Zu diesem Zweck sollen insbesondere sprachliche Kompetenzen, elementare Fähigkeiten im Umgang mit Mengen, räumliche Orientierungen, eine altersgerechte Grob- und Feinmotorik sowie die Wahrnehmung mit allen Sinnen und das Denken gefördert werden" (KiFöG 2003).

Im Unterricht der Grundschule wird im Allgemeinen zu wenig gesprochen. Diesen Eindruck gewinne ich in meinen Kursen im Rahmen der Lehrerweiterbildung und aus Gesprächen mit Schülern. Offener Unterricht, stumme Lernparcours, selbstständige Arbeiten am Rechner und der mittlerweile erlaubte Umgang mit Mobiltelefonen führen dazu, dass Kinder aus der Schule nach Hause kommen, ohne ein Wort miteinander gesprochen zu haben. Für die Sprachentwicklung der Kinder, den Schriftspracherwerb und die Rechtschreibung ist es wichtig, dass den bewussten Sprechphasen im Unterricht mehr Raum und Bedeutung beigemessen werden.

Das Sprachvorbild der Erzieher und Lehrer

Die ganze Sprachförderung in Kindertagesstätten und Grundschulen hängt in erster Linie von den Erziehern und Lehrern ab. Wenn sie die eigene Freude an ihrer Stimme und am wirkungsvollen Sprechen entdecken, sind sie den Kindern das beste Sprachvorbild.

Zu meinem abwechslungsreichen Programm gehören körperbezogene Übungen für eine aufrecht-elastische Haltung und natürliche Zwerchfellatmung. Mit Hilfe von Sprachaufnahmen finden wir die mittlere Stimmlage und üben die deutliche Lautbildung. Die Erzieher und Lehrer haben die Aufnahmen als Gewinn betrachtet und sie selbstkritisch und in kollegialer Art ausgewertet. Hörbar ist das Bemühen, die Standardaussprache zu pflegen. Beim Vorlesen und in freien Redebeiträgen trainieren wir Sprechtempo, Betonungen, Sprechmelodie und Pausen.

Mit Hilfe der Fünfsatz-Technik veranschaulichen wir die Wichtigkeit der Sprachförderung für die Entwicklungsgespräche mit den Eltern. Die große Resonanz bei den Erziehern und Lehrern hat mich auf die Idee gebracht, solche Veranstaltungen auch den Eltern anzubieten.

Die Förderung der Stimmgesundheit ist nicht zu unterschätzen. Die Stimmprophylaxe ist ein wesentlicher Bestandteil der sprecherzieherischen Arbeit. Erzieher und Lehrer haben einen Sprechberuf, der die Stimme sehr beansprucht. Wir entdecken und verbessern den Klang der Stimme, damit sie sich klar, voll, energisch-frisch, elastisch-locker, tragend und bewegt-gefühlsbetont anhört. Wir besprechen gemeinsam, wie durch Verhältnis- und Verhaltensprävention die Entstehung von Lärm vermieden werden kann.

Sprachförderung der Kinder durch Sprechwerkstätten

Den Begriff Sprechwerkstatt hat Marita Pabst-Weinschenk (2004, 4) für den Schulunterricht geprägt: „Der Werkstattbegriff akzentuiert die Handlungsorientierung. Handeln ist immer prozess- und ergebnisorientiert … Im Ergebnis spiegelt sich die

Qualität des Prozesses, und die Absicht zum Ergebnis zu gelangen, motiviert den Prozess." Sprechwerkstätten können Bestandteil der Sprachförderung in Kindertagesstätten und Grundschulen sein und den Schriftspracherwerb vorbereiten und begleiten. Kinder sind begeistert von Geschichten, in die sie mit Kreis- und Sprachspielen, Liedern und Sprechversen einbezogen werden. Dabei verwende ich Handpuppen, Softbälle und Kinderspielzeug. Die Kinder stehen, sitzen und bewegen sich im Kreis. Eine Sprechwerkstatt dauert etwa 45 Minuten. Eine besondere Bedeutung haben die Fingerspiele für das Zählen, Begreifen und Erzählen. Was wir uns an den fünf Fingern abzählen können, lässt sich kinderleicht denken und sprechen. Fingerspiele eignen sich für die Kindertagesstätte und die Grundschule. Elisabeth Kaestner und Renate Tost schlagen sie als Lockerungsübungen für den Schreibunterricht vor: „Wir empfehlen solche Finger- und Armbewegungen, die beim Sprechen des Reimes den Inhalt veranschaulichen" (Kaestner/Tost 1986, 66). Während der Sprechwerkstätten bemerkte ich, wie schnell und aufmerksam Kinder Reime und Lieder auch durch Chorsprechen und -singen lernen. Die Freude am Sprechen weckt die Neugierde auf das Schreiben. Eine gute Vorbereitung auf das Schreibenlernen ist auch das Sprechzeichnen. Gabriele Roß und Robert Erker haben dazu Geschichten geschrieben und passende Verse mit Übungszeichen gestaltet. Das Übungszeichen zeigt die Spur, der das Kind beim Zeichnen folgt. „Die Bewegungsformen beim Sprechzeichnen sind die grundlegenden Muster der Schrift. Kreise, Achten, Schleifen, Winkel, Zickzacklinien kehren in Variationen immer wieder" (Roß/Erker 2000, 8).

Ausblick

Wie wir durch richtiges Sprechen richtig schreiben möchte ich abschließend in vier Gedanken zusammenfassen:
Deutlichkeit und Wohlklang erleichtern die Laut- und Buchstabenzuordnung.
Eine gute Körperhaltung und Zwerchfellatmung fördern das konzentrierte Schreiben.
Lautes und inneres Mitsprechen steigern die Aufmerksamkeit und Schreibgeschwindigkeit.
Eine gute rhythmische Gliederung mit ausreichend Pausen hilft bei der Zeichensetzung.

Literatur

Conermann, Klaus: Akademie, Kritik und Geschmack. Zur Spracharbeit der Fruchtbringenden Gesellschaft des 17. Jahrhunderts. In: Unsere Sprache – Beiträge zur Geschichte und Gegenwart der deutschen Sprache. Schriftenreihe der Neuen Fruchtbringenden Gesellschaft zu Köthen/Anhalt. Band 1: Im Anfang war das Wort. Köthen 2008, S. 17–52

Hinz, Lienhard: „Dilettantisches Herumbasteln an der Schrift" Renate Tost, Mitbegründerin der Schulausgangsschrift, ist über die Grundschrift entsetzt. In: Deutsche Sprachwelt 12 (2012) 3, S. 3

Hirschfeld, Ursula/Stock, Eberhard: Aktuelle Untersuchungen zur Aussprachekodifizierung im Deutschen. In: Sprache und Sprechen – Beiträge zur Sprechwissenschaft und Sprecherziehung. Band 43:

hören – lesen – sprechen. München, Basel 2006, S. 93–109

Kaestner, Elisabeth/Tost, Renate: Schreibunterricht. Berlin 1986

KiFöG = Gesetz zur Förderung und Betreuung von Kindern in Tageseinrichtungen und in Tagespflege des Landes Sachsen-Anhalt (Kinderförderungsgesetz) vom 5. März 2003, gültige Fassung abrufbar unter: http://www.landesrecht.sachsen-anhalt.de

Luther, Saskia: Zwiwwel oder Bolle? – Die deutsche Sprache in Anhalt und anderswo. In: Unsere Sprache – Beiträge zur Geschichte und Gegenwart der deutschen Sprache. Schriftenreihe der Neuen Fruchtbringenden Gesellschaft zu Köthen/Anhalt. Band 5: Die wahre Heimat ist eigentlich die Sprache. Köthen 2014, S. 121–131

Pabst-Weinschenk, Marita: Die Sprechwerkstatt. Sprech- und Stimmbildung in der Schule. Braunschweig 2004

Roß, Gabriele/Erker, Robert: Lustiges Sprechzeichnen. Eine spielerische Sprachförderung. 24 Hexengeschichten und dazu passende Übungszeichen. München 2000

Trabant, Jürgen (Hrsg.): Wilhelm von Humboldt. Das große Lesebuch. Frankfurt am Main 2010

Herbst 2014

Sprache ist Heimat
Mit der NFG die deutsche Sprache erleben

Die Neue Fruchtbringende Gesellschaft belebt die
Sprachpflege der historischen Fruchtbringenden Gesellschaft des Barockzeitalters. Nicht alle Dichtungen
aus dieser Epoche gehen leicht über die Lippen. Doch
durch die Einfachheit der Sprache ist Paul Flemings
barockes Sonett „An sich" auch heute noch gut
sprechbar:

Sei dennoch unverzagt. Gib dennoch unverloren.
Weich keinem Glücke nicht. Steh höher als der Neid.
Vergnüge dich an dir und acht es für kein Leid,
hat sich gleich wider dich Glück, Ort und Zeit verschworen.

Was dich betrübt und labt, halt alles für erkoren.
Nimm dein Verhängnis an. Laß alles unbereut.
Tu, was getan muß sein, und eh man dirs gebeut.
Was du noch hoffen kannst, das wird noch stets geboren.

Was klagt, was lobt man doch? Sein Unglück und sein Glücke
ist ihm ein jeder selbst. Schau alle Sachen an.
Dies alles ist in dir. Laß deinen eiteln Wahn,

und eh du förder gehst, so geh in dich zurücke.
Wer sein selbst Meister ist und sich beherrschen kann,
dem ist die weite Welt und alles untertan.

Am Bildrand des bekannten Porträts Paul Flemings
erfahren wir einiges über den berühmten Barockdich-
ter: Paul Fleming aus Hartenstein im Vogtland, der
Philosophie und Medizin Doktor, sowie poeta laurea-
tus („lorbeergekrönter Dichter") im Alter von 31 Jahren im Jahre 1640.

Lebensmut und Zuversicht verkünden Flemings kurze, schlichte Sätze. Viele Verse formte er auf Reisen. Sprache ist Heimat. – Wilhelm von Humboldt schrieb 1827 an seine Freundin Charlotte Diede in Kassel: „Die wahre Heimat ist eigentlich die Sprache. Sie bestimmt die Sehnsucht danach, und die Entfernung vom Heimischen geht immer durch die Sprache am schnellsten." Humboldt lebte zu dieser Zeit in Berlin auf Schloss Tegel. Er hielt Vorträge zur Sprachwissenschaft an der Akademie der Wissenschaften. Humboldts Gedanken „Sprache ist Heimat" wird die Neue Fruchtbringende Gesellschaft zu Köthen/Anhalt gerecht.

Köthen hat 27000 Einwohner und liegt 150 Kilometer südwestlich von Berlin entfernt. Die Stadt ist gut mit der Bahn oder dem Auto zu erreichen. Auf der Autobahn 9 lenkt im Bundesland Sachsen-Anhalt das touristische Hinweisschild „Bachstadt Köthen" alle Blicke auf sich. Johann Sebastian Bach wirkte von 1717 bis 1723 als Hofkapellmeister in der Residenz von Anhalt-Köthen. In schönster Handschrift schrieb er hier für den Markgrafen Christian Ludwig von Brandenburg seine lebhaften und fröhlichen Brandenburgischen Konzerte.

Auf der Straße nach Köthen grüßt von weitem schon das Turmpaar von St. Jakob. Eine Kirche aus dem 15. Jahrhundert erhebt sich als Wahrzeichen in den Himmel. In der Krypta von St. Jakob ruht Fürst Ludwig von Anhalt-Köthen, Mitbegründer und erstes offizielles Oberhaupt der Fruchtbringenden Gesellschaft.

Von der Jakobskirche am Markt führt die Ritterstraße hinunter zum Schloss. Auf der linken Seite, gegenüber dem Prinzessinnenhaus, sehen wir das 1907 eingeweihte Fürst-Ludwig-Denkmal des Berliner Bildhauers Hans Arnold. Freundlich und einladend stellt sich der fürstliche Dichter auf dem Sockel wie ein Lehrer vor. Seine rechte Hand vor dem Körper begleitet seine Sprache, und die linke hält ein Buch nach unten, zwischen dessen Seiten sein Zeigefinger steckt, als wollte er gleich daraus zitieren.

Fürst Ludwig war literarisch interessiert, schrieb selbst und übersetzte ins Deutsche, wie auch einige von ihm in die Gesellschaft aufgenommene Gelehrte. Georg Philipp Harsdörffer verdanken wir das deutsche Wort Briefwechsel für Korrespondenz und Philipp von Zesen Rechtschreibung für Orthografie. Andere wie Christian Gueintz und Justus Georg Schottelius entwickelten erste Grammatiken.

Bestimmt hätte Fürst Ludwig auch den Dichter Paul Fleming in die Fruchtbringende Gesellschaft aufgenommen. Sein früher Tod im Jahr 1640 verhinderte das. Flemings Freund und Weggefährte Adam Olearius wurde 1651 Mitglied der Gesellschaft.

Um heute mit dem Erbe Fürst Ludwigs die Freude an der deutschen Sprache zu wecken, haben Sprachbegeisterte im Jahr 2007 die Neue Fruchtbringende Gesellschaft ins Leben gerufen. Erste Vorsitzende ist seitdem die Sprachwissenschaftlerin Uta Seewald-Heeg. Zum Sinnbild wurde die Kokospalme gewählt. Sie galt den Fruchtbringern als Baum, von dem man alles verwerten kann. Den alten Wahlspruch „Alles zu

Nutzen." erweiterten die Neugründer: „Alles zu Nutzen – allen zu Nutzen!"

Wie sich die Neue Fruchtbringende Gesellschaft an ihrem historischen Vorbild orientiert, merkt der Leser ihrer Schriftenreihe „Unsere Sprache". Jeder Band ist nach dem alten Gesellschaftsbuch, dem „Köthener Erzschrein", einem Mitglied der Fruchtbringenden Gesellschaft mit seinem Gesellschaftsnamen gewidmet. Der Titel des Bandes bezieht sich jedoch auf den Inhalt der veröffentlichten Beiträge. Die einzelnen Hefte mit den Titeln ihrer Beiträge werden auf der Netzseite www.fruchtbringende-gesellschaft.de vorgestellt.

Unsere Sprache (ISSN 1867-4224)

Band 1 (2008) Dem Mehlreichen
(Caspar von Teutleben)
„Im Anfang war das Wort"

Band 2 (2009) Dem Nährenden
(Ludwig von Anhalt-Köthen)
„An ihren Früchten sollt ihr sie erkennen"

Band 3 (2010) Dem Käumling
(Johann Ernst d. J. von Sachsen-Weimar)
„Allen zu Nutzen"

Band 4 (2011) Dem Hoffenden
(Friedrich von Sachsen-Weimar)
„Verstand zeigt sich im klaren Wort"

Band 5 (2014) Dem Schmackhaften
(Wilhelm IV. von Sachsen-Weimar)
„Die wahre Heimat ist eigentlich die Sprache"

Schon im ersten Band meldet sich Klaus Conermann
zu Wort. Er erschließt als Projektleiter der Sächsischen Akademie der Wissenschaften zu Leipzig die
Werke der Fruchtbringer, die durch die Wirren des
Dreißigjährigen Krieges weit verstreut sind. Mit einem Zitat aus dem Gesellschaftsbuch verdeutlicht
Conermann, wie knapp Zweck und Vorhaben der
Spracharbeit im 17. Jahrhundert formuliert wurden:
„daß man die Hochdeutsche Sprache in jhren rechten
wesen und standt / ohne einmischung frembder außländischer wort / auffs möglichste und thunlichste
erhalte / uñ sich so wohl der beste(n) außsprache im
reden / alß d(er) reinesten art im schreiben uñ Reimen-dichten befleißigen."

In Vorbereitung ist ein Band der Schriftenreihe unter
dem Titel „Und die Welt hebt an zu singen, triffst du
nur das Zauberwort". Er umfasst die Beiträge der Arbeitsgruppe Eichendorff-Ehrung in der Neuen Fruchtbringenden Gesellschaft. Joseph Freiherr von Eichendorff erwarb ein Haus und weilte 1849 und 1855 in
Köthen. Jedes Jahr gestaltet die Arbeitsgruppe zu
seinem Todestag am 26. November eine Eichendorff-Ehrung.

Jedes Jahr im Juni indes lädt die Neue Fruchtbringende Gesellschaft im Rahmen ihres Köthener Sprachtages zu einem Kleinen Volksfest und einem Vortragstag ein. Thema der Vorträge im vorigen Jahr war die
Rechtschreibung. Beim Kleinen Volksfest konnten

Kinder in den Sprech- und Schreibwerkstätten mit Übungen zum Sprechzeichnen und zur gebundenen Handschrift Grundlagen für den Erwerb der Rechtschreibung legen. Auf dem Programm des 9. Köthener Sprachtages 2015 stehen Mundarten, die auch Thema einer neuen Ausstellung in der „Erlebniswelt deutsche Sprache" sind.

Die „Erlebniswelt" eröffnete die Neue Fruchtbringende Gesellschaft in den Räumen der ehemaligen Wohnung Fürst Ludwigs im Köthener Schloss schon im April 2013 (www.erlebniswelt-deutsche-sprache.de). Sprachgeschichte lässt sich durchaus mit Sprachpflege verbinden. Das kann man hier beispielsweise mit dem Fünffachen Denkring der deutschen Sprache von Georg Philipp Harsdörffer – auch in elektronischer Form – ausprobieren. Diese „Wortbildungsmaschine" besteht aus fünf Scheiben mit Wortbestandteilen, die gedreht werden können. Außerdem erhält der Besucher der Erlebniswelt einen Einblick in heutige Wortbildung und Wortwahl beim Schülerschreibwettbewerb „Schöne deutsche Sprache".

Schüler senden jedes Jahr ihre Gedichte, Märchen, Fabeln, Essays und Theaterstücke zu einem ausgeschriebenen Thema ein. Alle Werke der Preisträger werden veröffentlicht. Acht Hefte sind bisher erschienen:

Schöne deutsche Sprache (2007)
Mein liebstes Sprichwort (2008)
Mein schönstes Spracherlebnis (2009)
Märchenhaft! Sagenhaft! Fabelhaft! (2010)
Schöne Aussichten (2011)

…auch Steine können sprechen (2012)
Mein schönster Wortschatz (2013)
Träume werden Wirklichkeit (2014)

Am 30. April 2015 ist Einsendeschluss für den nächsten Wettbewerb zum Thema „Wenn Oma und Opa erzählen". Bisher kamen die jungen Preisträger aus Deutschland, Österreich, Italien, Bulgarien und Peru. Sie tragen ihre Dichtungen in einer Festveranstaltung in Köthen am Tag der deutschen Sprache im September vor. Nach der Auszeichnung der Preisträger hält jedes Jahr ein Schriftsteller, Wissenschaftler oder Politiker eine Rede zur deutschen Sprache.

In der ersten Rede, „Die Sprache, die die Sprache spricht", rief im Jahr 2007 das Ehrenmitglied der Neuen Fruchtbringenden Gesellschaft, Reiner Kunze, leidenschaftlich zur Sprachpflege auf. „Wider die Selbstvergessenheit der Sprachnation" sprach 2008 Josef Kraus, Präsident des deutschen Lehrerverbands. Kurt Reinschke, Vorstandsmitglied des Arbeitskreises Deutsch als Wissenschaftssprache, gab 2009 seiner Rede den Titel „Sprache und kulturelle Identität". Im Jahr 2010 beantwortete der Anglist und ehemalige Sächsische Staatsminister für Wissenschaft und Kunst Hans Joachim Meyer die Frage „Kleid oder Haut? Was ist uns unsere Sprache?". „Über Vertreibungen von Literaturen und über Glanz, Gloria und Misere des Exils und der schreibenden Exilanten" redete 2011 der tschechisch-deutsche Schriftsteller Ota Filip. „Die Kraft der Worte" betrachtete 2012 in seiner Rede der Mediziner und ehemalige Ministerpräsident von Sachsen-Anhalt Wolfgang Böhmer. „Der Sprache die Treue halten heißt sie pflegen", unterstrich im Jahr

2013 der Theologe und Publizist Friedrich Schorlemmer. Der Namenswissenschaftler Jürgen Udolph regte 2014 mit seiner Rede „Schall und Rauch? Woher kommen die Namen und was können wir daraus für unsere Sprache lernen" zum Nachdenken über den eigenen Namen an. Die Köthener Rede zur deutschen Sprache wird im Jahr 2015 der äthiopisch-deutsche Unternehmensberater und Schriftsteller Asfa-Wossen Asserate halten.

Die Neue Fruchtbringende Gesellschaft hat bereits mehr als 1000 Bücher für ihre Bibliothek zur Sprachpflege im Prinzessinnenhaus am Köthener Schloss gesammelt. Die ältesten davon sind eine Herder-Ausgabe aus dem Jahr 1827 und mehrere Klopstock-Bände von 1854. Weitere Schenkungen wertvoller Bücher zur Sprachpflege sind willkommen:

Neue Fruchtbringende Gesellschaft zu Köthen/Anhalt
Schloßplatz 5
D-06366 Köthen (Anhalt)

Unter dem Dach der Neuen Fruchtbringenden Gesellschaft haben die Bachstadt Köthen, die Lutherstadt Wittenberg und die Goethestadt Bad Lauchstädt mit dreizehn weiteren mitteldeutschen Orten eine Arbeitsgemeinschaft „Straße der deutschen Sprache" gebildet (www.strasse-der-deutschen-sprache.de). Gemeinsam laden sie mit ihren Angeboten zur Sprachpflege ein. Erleben wir mit der Neuen Fruchtbringenden Gesellschaft, wie Sprache Heimat wird, indem sie Menschen und Ortschaften verbindet!

Winter 2014

Natur und Kunst in Bad Lauchstädt

In einem der größten Industriegebiete Deutschlands, in der Leipziger Tieflandsbucht, sprudelt ein berühmtes Brunnenwasser aus der Erde. Die Eisenhaltigkeit der Lauchstädter Quelle, die Heilkraft der Natur erkannte um 1700 Professor Friedrich Hoffmann von der Universität Halle. 1710 wurde ein wissenschaftliches Gutachten erstellt und ein Heilbad gegründet.

Bad Lauchstädt hat einen englischen Garten, reizende spätbarocke Pavillons und, dank der Bemühungen Johann Wolfgang von Goethes, ein schlichtes, schönes Theater.

Zur Eröffnung am 26. Juni 1802 strömten die Hallenser Studenten aus der 16 Kilometer entfernten Universitätsstadt nach Lauchstädt. Nachdem das Vorspiel „Was wir bringen" verklungen war, riefen sie: „Es lebe der größte Meister der Kunst!" Goethe erhob sich auf dem Theaterbalkon und erwiderte: „Möge das, was wir bringen werden, einem kunstliebenden Publikum stets genügen!" Im Vorspiel wurde auch sein Sonett über Natur und Kunst zu Gehör gebracht.

Ich stelle mir vor, wie der Dichter unter den großen schattenreichen Kastanien steht, auf den nagelneuen Theaterbau blickt und sein Sonett spricht.

Natur und Kunst, sie scheinen sich zu fliehen
Und haben sich, eh man es denkt, gefunden;
Der Widerwille ist auch mir verschwunden,
Und beide scheinen gleich mich anzuziehen.

Es gilt wohl nur ein redliches Bemühen!
Und wenn wir erst in abgemeßnen Stunden
Mit Geist und Fleiß uns an die Kunst gebunden,
Mag frei Natur im Herzen wieder glühen.

So ist's mit aller Bildung auch beschaffen:
Vergebens werden ungebundne Geister
Nach der Vollendung reiner Höhe streben.

Wer Großes will, muß sich zusammenraffen;
In der Beschränkung zeigt sich erst der Meister,
Und das Gesetz nur kann uns Freiheit geben.

Johann Wolfgang von Goethe schrieb dieses Gedicht
am Beginn seiner bewegten Weimarer Zeit. In den
Diensten des jungen Herzogs Karl August von Sachsen-Weimar hatte er viele Ämter übernommen: „Des
echten Mannes wahre Feier ist die Tat." Goethe leitete
den Schlossbau, die Bergbaukommission, das Weimarer Hoftheater und lernte Friedrich von Schiller in der
Naturforschenden Gesellschaft in Jena kennen. Als
tätiger Mensch in Kunst und Wissenschaft, als welter-
fahrener Staatsmann hatte er für die Theatereröffnung
in Lauchstädt dieses Sonett wieder aufgegriffen.

Das Sonett ist eine anspruchsvolle Strophenform.
Goethes Gedicht ist in der strengen italienischen Ur-
form geschrieben: Dante Alighieri pflegte den Ende-
casillabo, den Elfsilber mit starrer Füllung – jambi-

sche Fünfheber immer mit Reim und weiblichem Schluss, also klingender Kadenz. Das Wort „Sonett" hat seinen Ursprung im Lateinischen: „sonare" heißt „klingen". Die beiden ersten Quartette haben einen umschließenden Reim (abba, abba) und die beiden folgenden Terzette sind durch den verschränkten Reim miteinander verbunden (abc, abc). Auffallend bei den ersten beiden Quartetten sind die unvollständigen Reime: „fliehen" – „anzuziehen" – „Bemühen" – „glühen".

Diese Reimverbindungen lassen die hessische Mundart des gebürtigen Frankfurters vermuten, wurden indes auch in der strengen klassischen Epoche häufiger gebraucht und nicht notwendig als „unrein" wahrgenommen.

Das starre Sonett zwingt den Dichter, sein Empfinden zu objektivieren. Überhaupt veranlasst es ihn, sich mehr gedanklich, als gefühlsmäßig zu äußern.

Wie der Reim schon verdeutlicht, besteht zwischen den Quartetten ein Sinnzusammenhang, und auch die beiden Terzette sind inhaltlich miteinander verbunden. Goethe äußert sich in der ersten Strophe über Natur und Kunst, die sich als einander ausschließende Gegensätze „zu fliehen scheinen", aber doch verknüpft sind: „sich gefunden haben" (THESE). Im zweiten Quartett (ANTITHESE) formuliert Goethe, wie und wo Natur und Kunst eine Einheit eingehen: im künstlerisch sich bildenden Menschen. Während in der ersten Strophe mit dem Verbum „scheinen" Vermutungen ausgedrückt werden, beginnt die zweite Strophe mit der Gewissheit: „Es gilt …". Zuversichtlich verkündet Goethe, dass nach „abgemeßnen Stunden" geistvoller und fleißiger künstlerischer Ausbildung „frei Natur im Herzen … glühen" könne.

In den folgenden zusammenhängenden Terzetten (SYNTHESE) verallgemeinert Goethe und spricht sich für eine solide Bildung schlechthin aus. Nur so könne „Vollendung" in „reiner Höhe" erreicht werden. Danach bezieht Goethe als Staatsmann auch das Politische in seine Gedanken ein: „das Gesetz nur kann uns Freiheit geben". Natürlich hat diese Feststellung universalen Charakter, denn weiß der Mensch Naturgesetze zu erkennen und zu nutzen, befreit er sich zunehmend. These, Antithese und Synthese sind der Weg des Erkennens (Dreischritt).

Natur und Kunst (wie Brunnen und Theater in Lauchstädt) in Einklang zu bringen entspricht dem Ideal der Weimarer Klassik, die den vielseitig gebildeten Renaissancemenschen preist: Der schöne Mensch, wie ihn die Kunst des griechischen Altertums zeigt, strebt nach Vollendung in klaren Formen. Die Wiedergeburt der antiken Klassik in Weimar kam spät. Italien erlebte die Renaissance schon im 13. und 14. Jahrhundert, als Dante Alighieri in Endecasillabi seine formstrengen Sonette dichtete.

Personenregister

186

Olearius, Adam *172*

Opitz, Martin *27, 76*

Ostermeier, Thomas *83*

Özdamar, Emine Sevgi *15*

Pabst-Weinschenk, Marita *166, 167, 169*

Paul, Jean *62, 63, 99, 144*

Paulus (Apostel) *131*

Persius, Ludwig *71*

Pestalozzi, Johann Heinrich *94, 95*

Pfeifer, Wolfgang *17*

Pillau, Horst *82, 88*

Plathe, Walter *82*

Pohlmann, Carola *145*

Poirier, Anne *83, 84*

Poirier, Patrick *83, 84*

Prégardien, Christoph *20*

Preußler, Otfried *128, 129, 144, 145*